Doris Gercke • Für eine Hand voll Dollar

cbt

Foto: © privat

DIE AUTORIN

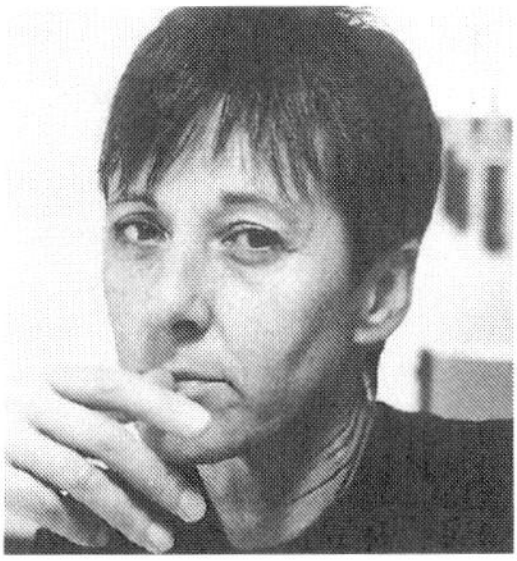

Doris Gercke, 1937 in Greifswald geboren, hat nach dem Jurastudium als Verwaltungsbeamtin gearbeitet, bevor sie 1987 zu schreiben anfing. Ihre Krimis mit der charismatischen Heldin Bella Block werden mit Hannelore Hoger in der Hauptrolle höchst erfolgreich für das Fernsehen verfilmt. Doris Gercke lebt in Hamburg.

Doris Gercke

Für eine Hand voll Dollar

cbt

cbt

Band 30144

cbt – C. Bertelsmann Taschenbuch
Der Taschenbuchverlag für Jugendliche
Verlagsgruppe Random House

www.bertelsmann-jugendbuch.de

Umwelthinweis:
Dieses Buch wurde auf chlorfrei gebleichtem Papier gedruckt.

1. Auflage
Erstmals als cbt Taschenbuch Juli 2004
Gesetzt nach den Regeln der Rechtschreibreform

Die Originalausgabe erschien ursprünglich bei ELEFANTEN PRESS
Umschlagbild: Corbis, Hamburg
Umschlagkonzeption: init.büro für gestaltung, Bielefeld
go · Herstellung: IH
Satz: Uhl + Massopust, Aalen
Druck: Clausen & Bosse, Leck
ISBN 3-570-**30144**-3
Printed in Germany

Für Gian und Paul

RED BULL An dem Tag, als alles losging, saß der alte Mann auf der Veranda und hat auf mich gewartet. Er wartet morgens immer auf mich. Aber ich rühr mich nicht. Ich hör ihn bloß reden.

SAM Komm ruhig raus, Red Bull. Es wird dir drinnen doch gleich zu warm werden. Vor einer Stunde schon hat mich deine Mutter auf die Veranda geschoben und ist dabei in Schweiß geraten. Du hättest ihr die Arbeit abnehmen können. Arbeit mache ich euch, das ist wahr. Ich versuche, meine Hände in die Speichen des Rollstuhls zu schieben, ich kann die Räder fassen, aber den Stuhl kriege ich nicht von der Stelle.

»Lass nur, Paps«, sagt deine Mutter.

Sie ist flink, obwohl sie jammert, dass sie fett geworden ist. Sie schiebt mich auf die Veranda, führt meine Hand an den Kaffeebecher auf dem kleinen Tisch, damit ich fühle, wo er steht, fragt mich, ob ich eine Decke will. Eine Decke! Wir werden vierzig Grad haben, am Nachmittag auf der Veranda, im Schatten.

Du bist ein kluger Junge, Red Bull. Aber warum diese Hitze Unheil bedeutet, könntest du das sagen?

Ich weiß, dass sie Unheil bedeutet. Vielleicht kann man es wegreden, das Unheil. Menschen lernen doch, heißt es. Komm ruhig raus, Red Bull. Irgendwelche Pläne für den Tag? Einen Plan vielleicht, wie Rosa Parks ihn hatte? Wenn man einen Plan hat, sieht der Tag, der einen erwartet, gleich ganz anders aus. Meinst du nicht, es wäre gut, wenn du einen Plan hättest?

Sie hat sich nicht aus Versehen in den vorderen Teil des Busses gesetzt, die Rosa Parks. So lange ist es noch nicht her, dass Schwarze nur hinten im Bus sitzen durften. Das war in Montgomery, Alabama. Die ganze Nacht vorher schlief sie nicht, die Rosa Parks. Weil sie einen Plan hatte. Sie wollte nie mehr hinten sitzen im Bus. Sie hat übrigens damit gerechnet, dass sie ihren Plan vielleicht mit dem Leben zahlen muss. Die Freunde, denen sie davon erzählte, rieten ihr ab.

»Sie werden dich aus dem Bus stoßen, dich auf die Straße werfen, der Bus wird weiterfahren. Das wird alles sein. Du wirst dich nicht gut fühlen, Rosa Parks, im Staub auf einer Straße in Montgomery, Alabama.«

Es ist nicht immer leicht mit Freunden, Red Bull. Gute Freunde – guter Rat, schlechte Freunde – schlechter Rat; so einfach ist es nicht immer. Rosa Parks hatte gute Freunde, und sie dachte, dass sie ihr einen schlechten Rat gaben. Also stand sie am Morgen auf, trank ein Glas Wasser, es würde ein heißer Tag werden, und sie wusste nicht, wann sie wieder etwas zu trinken bekäme. Genau genommen wusste sie nicht einmal, ob sie je wieder etwas zu trinken bekäme. Da war ein Glas Wasser genau richtig. Kaffee oder etwas zu essen vertrug ihr aufgeregter Magen jetzt nicht.

An der Haltestelle standen Schwarze und Weiße. Fein säuberlich getrennt, standen sie da, und die Weißen waren nicht von der vornehmen Sorte. Rosa Parks stellte sich trotzdem zu ihnen.

Und die Weißen taten, was sie immer taten: Sie bemerkten sie nicht. Als der Bus kam, stellte sie sich hinten an, aber am vorderen Eingang. Sie stellte sich an dem Eingang für Weiße an.

Da war eine ältere Frau unter den Schwarzen am hinteren Eingang, die hat gleich begriffen, was Rosa Parks vorhatte. Die Frau machte ihr Zeichen, vorsichtig, sie fürchtete sich.

»Komm zurück, stell dich zu den Schwarzen, es hat keinen Sinn! Es haben schon andere versucht, vorn einzusteigen. Sie sind auf der Straße gelandet und nichts hat sich geändert.«

Ob Rosa Parks gedacht hat, die Frau sollte lieber mit ihr kommen, als ihr heimlich Zeichen zu geben, weiß ich nicht. Sie stieg als Letzte ein, aber im vorderen Teil. Sie nahm den Eingang für Weiße. Der Bus war nicht voll. Sie hat gleich einen Platz gefunden. Der Weiße in der Reihe hinter ihr blieb ruhig sitzen.

»Nach hinten«, sagte er, halblaut nur, denn im Bus war es ruhig, er fuhr auch nicht an.

»Nein«, antwortete sie und sah den Busfahrer aufstehen, seinen breiten Rücken und seinen breiten Arsch.

»Nach hinten«, sagte der Busfahrer, als er vor ihr stand.

Und wieder sagte sie: »Nein.«

»Das haben wir gleich«, sagte der Busfahrer.

Er ging zurück an seinen Platz, rief über Funk einen Streifenwagen und dann setzte er sich. Einer von den Schwarzen im hinteren Teil des Busses stand auf. Er hatte Angst. Er wollte aussteigen. Die Türen waren zu. Der Mann traute sich nicht zu klopfen. Er ging zurück auf seinen Platz. Der Busfahrer beobachtete ihn im Spiegel. Er verzog keine Miene. Was denkst du, wie Rosa Parks sich gefühlt hat, als das Auto mit den weißen Polizisten neben dem Bus hielt?

Sie konnte doch nicht wissen, was die Männer mit ihr vorhatten. Sie sah ihnen nicht entgegen. Sie wollte nicht, dass die weißen Polizisten die Angst in ihren Augen sahen. Sie schaute geradeaus, an den breiten Schultern des Busfahrers vorbei auf die Straße.

Als die Polizisten mit gezogenen Revolvern vor ihr standen, ging sie mit, ohne sich zu wehren. Da öffnete der Busfahrer die Türen, aber niemand stieg aus. Wer wollte schon den Anschein erwecken, er wolle Rosa Parks helfen?

Und doch geschah etwas. Ein paar Tage später stellte man Rosa Parks vor Gericht. Sie sollte bestraft werden, weil sie sich gegen die Ordnung vergangen hatte; gegen die Ordnung, die sagt, dass Schwarze sich von Weißen getrennt zu halten haben: im Bus und überall, wo die Weißen es vorschreiben.

Ein paar Tage lang hatten die Schwarzen in Montgomery, Alabama, Zeit, sich zu überlegen, ob sie diese Ordnung länger dulden wollen. Und sie wollten nicht.

Am Tag, als Rosa Parks vor Gericht gestellt wurde, die kleine, mutige Rosa Parks, die so viel Angst hatte, dass sie die weißen Polizisten nicht ansehen konnte, sah man merkwürdige Dinge in Montgomery, Alabama. Man sah schwarze Menschen, die auf Eseln ritten und sich in Handkarren ziehen ließen. Man sah sie auf Fahrrädern, die so klapprig waren, dass sie die Straße mit ihrem Geschepper erfüllten. Viele gingen zu Fuß, andere, die Autos hatten, nahmen sie mit und setzten sie dort ab, wo sie hinwollten. Man sah Leiterwagen, von Pferden gezogen, die die Strecken abfuhren, auf denen die Busse verkehrten. Die Busse fuhren noch, aber es saßen nur wenige Menschen darin, und die waren weiß. Keine schwarze Frau, kein schwarzer Mann, kein schwarzes Kind hat an dem Tag, als Rosa Parks vor Gericht stand, einen der Busse betreten. Und an den folgenden Tagen auch nicht. Nach zwei Monaten war das weiße Busunternehmen bankrott. Und weil man auf Eseln, auf klapprigen Fahrrädern, in Handwagen nicht bis in die Innenstadt von Montgomery kommt, wurden die Geschäftsleute dort ihre Waren nicht mehr los. Eine Million Dollar, hieß es, fehlten in ihren Kassen.

Willst du mich nicht etwas fragen, Red Bull? Frag ruhig, Red Bull. Frag mich:

»Waren die fehlenden Dollars der Grund, dass unsere Leute im Bus vorn sitzen konnten?«

Das Gegenteil haben sie bewirkt. Die weißen Polizisten verfolgten die, die ihr Auto mit anderen teilten. Wer auf einem klapprigen Fahrrad herumfuhr, wurde wegen ›Gefährdung der Sicherheit auf der Straße‹ bestraft. Wer zu Fuß unterwegs war, wurde angehalten und bedroht. Lucy Barret, die geholfen hat, den Busboykott zu organisieren und die nun jeden Morgen zwei Stunden früher aufstand, um rechtzeitig zur Arbeit zu kommen, verlor ihren Job trotzdem. Sie war nicht die Einzige, an der die weißen Geschäftsleute ihre Wut ausließen.

Aber unsere Leute gaben nicht auf. Da stellten sie Martin Luther King vor Gericht. Er und andere wurden wegen Geschäftsschädigung angeklagt.

Merk dir das, Red Bull: Das Recht der Weißen gibt jede Anklage her, wenn es darum geht, dich hinter Gitter zu bringen.

Die Gerichtsverhandlung begann, nicht mehr unbeachtet von der Presse, nicht mehr heimlich und leise, sondern laut und öffentlich. Als der erste Zeuge der Verteidigung aufgerufen wurde, lachte der Ankläger noch. Der Mann hieß Bill, und er sagte, dass der weiße Busfahrer ihn beschimpft hat und er deswegen nicht mehr mit dem Bus gefahren ist. Und es kamen mehr und mehr Zeugen. Sie standen vor dem Richter und sagten:

»Ich bin geschlagen worden.«

»Ich bin getreten worden.«

»Der weiße Busfahrer hat auf mich geschossen.«

»Ich bin angeschossen worden, als ich den Bus betreten wollte.«

»Die weißen Fahrgäste haben mich hinausgestoßen.«

»Ich habe auf der Straße gelegen. Nur der Zufall hat geholfen, dass ich heute hier unverletzt stehen kann.«

Das alles erzählten die Zeugen nicht nur dem Richter. Nein, sie erzählten es den Reportern und die schrieben darüber. Deshalb wusste es sehr schnell die ganze Welt.

Dem Richter blieb nichts anderes übrig, als die Angeklagten freizusprechen. Der Staat Alabama musste die Trennung zwischen Schwarzen und Weißen in den Bussen aufheben.

RED BULL Hast du genug geredet, alter Mann? Sei still und hör auf die Grillen, bis du einschläfst. Und wenn du aufwachst, erzähl die Geschichten, weshalb du blind bist, alter Mann. Erzähl sie und dann halt den

Mund für immer von deinem schwarzen Widerstand. Oder waren das etwa weiße Männer, die dir die Augen eingeschlagen haben?

Und denk nicht, du wüsstest, was geschehen wird. Du weißt es nicht. Und ich weiß es nicht. Und der Wind weiß es nicht, der den Müll herüberweht, den du nicht sehen kannst, alter Mann. Aber du kannst ihn riechen. Riecht er nach Unheil, alter Mann? Oder riecht er nach Scheiße? Ich sag dir, dass er nach Scheiße riecht. Das hat nichts zu bedeuten. Doch, es hat was zu bedeuten. Es zeigt, wo wir wohnen. Gehört zur Gegend, würde ich sagen, feine schwarze Gegend, wo es stinkt, wenn die Sonne scheint.

Es ist gut, dass du nun ruhig bist, alter Mann. Denn ich muss überlegen, was ich tun will. Heute Morgen, als Mom dich auf die Veranda geschoben hat, hat sie gesagt: »Und sag dem Jungen, dass er das Geländer flicken soll. Er soll, verdammt noch mal, Hammer und Nägel nehmen und die Latten wieder annageln, die seit Monaten auf dem Boden liegen. Wozu hat er denn Ferien?

Das hat sie gesagt, bevor sie losgelaufen ist, um mit ihrer klapprigen Schrottkiste zur Arbeit zu fahren. Keine Klimaanlage, die Kiste. Ich sehe sie, wie sie die Autotür aufgerissen hat, obwohl sie im Schatten unter den Bäumen steht, und wartet, dass die Hitze daraus verschwindet und sie einsteigen kann. Ihre roten Bermudas leuchten an ihren schwarzen Beinen und ihr weites grünes Hemd leuchtet. Gleich fährt sie davon, hetzt von einer Arbeitsstelle zur nächsten. Ein Glück, dass sie das Auto hat. Wie sollte sie sonst zur Arbeit kommen? Soll sie die Metro benutzen? Das habt ihr doch erkämpft, alter Mann, dass Schwarze und Weiße gemeinsam Metro fahren dürfen. Ja, ja, ich weiß. Hier in Washington durften wir schon immer in die weiße Metro.

Ich frage dich nicht, alter Mann, weshalb es in den schwarzen Vierteln keine Metrostationen gibt. Was wolltest du darauf antworten? Du tust mir Leid, alter Mann, mit den Geschichten vom schwarzen Widerstand, die in deinem Kopf herumgehen wie Räder im Leerlauf.

Da kommt John die Straße herauf. Seit Mom ihn einmal »weißer Dreck« genannt hat, kommt er erst, wenn sie weg ist. Er beobachtet den Parkplatz und kommt erst über die Straße, wenn die Luft rein ist. John ist zwei Jahre älter als ich, fünfzehn, aber er ist klein und hat dünne Arme und Beine. Wenn wir zusammen unterwegs sind, halten die meisten mich für den Älteren.

Wenn John kommt, gehen wir auf die rückwärtige Veranda. Es ist nicht nötig, dass der alte Mann uns zuhört. Johns Vater hat Waffen im Haus, einen Revolver und eine Pistole. Wir sitzen auf der Veranda und malen uns aus, wen wir damit erledigen könnten. John will immer auf irgendwelche Spinner schießen, Weiße, die ihn geärgert haben, oder Schwarze, die ihn anmachen, wenn er durch unser Viertel geht. Die meisten hier kennen ihn aber und lassen ihn in Ruhe. Sie wissen, dass er zu uns kommt. Ich glaube, sie denken, er will dem alten Mann im Schaukelstuhl zuhören. Der war mal wegen irgendwas berühmt, irgendwas, von dem er hin und wieder faselt. Am Anfang hat John ihm tatsächlich zugehört.

»Bei uns zu Hause haben wir keinen, der Geschichten erzählt, aber so was hab ich mir immer gewünscht.«

Irgendwann sind auch ihm die Geschichten zu langweilig geworden. Es sind eben immer dieselben. »Was hast du denn heute drauf, alter Mann«, sagt John, wenn er am Schaukelstuhl vorbeigeht. Dann stößt er den Stuhl an, und eine Weile hören wir den Bretterboden knarren, während wir auf der rückwärtigen Veranda sitzen und Löcher in die Luft starren.

»Wenn der Boden bloß nicht durchbricht«, sagt John. »Deine Alte sollte ihn nicht immer an dieselbe Stelle schieben. Er wird noch bei den Ratten landen.«

»Das wird er nicht. Unter der Veranda liegt zwar 'ne Menge Gerümpel, aber Ratten gibt es da nicht.«

»Wär ich nicht so sicher«, antwortet John, aber es lohnt nicht, weiter über Ratten zu reden, weshalb er erst mal den Mund hält. Von der rückwärtigen Veranda kann man in den Garten der Nachbarn sehen. John meint, ein Garten wäre das nicht. Damit könnte er wohl Recht haben. Aber man könnte einen draus machen. Tun sie aber nicht da drüben, keine Zeit, nehme ich an. Einer von ihnen ist dauernd unterwegs, handelt mit irgendetwas, womit er sich lieber nicht erwischen lassen sollte. Und der andere steht den ganzen Tag in der Küche und kocht, wenn er nicht gerade vorn auf seiner Veranda sitzt und quasselt. Der ist der Einzige, der mit dem alten Mann im Schaukelstuhl hin und wieder ein Wort wechselt. Manchmal geben sie da drüben 'ne Party. Dann ist die Bude voll von ich weiß nicht wem. John und ich waren auch schon mal eingeladen, hatten aber keine Lust drauf.

»Mein Alter ist weg«, sagt John. »Sie haben ihn abgeholt.«

»Und? Hat er seine Musspritzen mitgenommen?«

»Quatsch«, sagt John, »da wo der hinmuss, werden sie ihm grade erlauben, die Ballermänner mitzunehmen.«

Da muss ich ihm Recht geben. Der Schaukelstuhl vorn auf der Veranda ist ruhig geworden. Ist vielleicht eingeschlafen, der Alte. Ein bisschen Wind wäre nicht schlecht. Zwischen meinen Schulterblättern rollt ein Schweißtropfen nach unten, genau in die Ritze zwischen meinen Hinterbacken. Wenn ich John anschaue, kann ich kleine Schweißperlen auf seiner Oberlippe sehen. Gestern sind wir in einem weißen Viertel gewesen, ich weiß nicht, warum. Ein bisschen die Gegend begucken. Ordentliche Häuser, sogar mit Pool davor.

»Wenn ich daran denke, wie die alle die Fenster verrammelt hatten«, sagt John.

Manchmal denken wir zur gleichen Zeit genau dasselbe.

»Vielleicht wollen sie mit ihren Klimaanlagen nicht die Straße kühlen«, antworte ich.

Sie haben Klimaanlagen in den Wohnblocks, die sind so laut wie Meeresrauschen. Am Meer waren wir noch nicht, aber in einer der Geschichten, die der Alte erzählt, kommt irgendetwas mit Meer und Wasserrauschen vor. Hier ist seit Tagen die Luft so still, als hätte sich sogar der Wind aus unserer Gegend verabschiedet.

»Aber Eichhörnchen gibt es«, sagt John. Wir sehen das graue Eichhörnchen näher kommen und bleiben ruhig sitzen. Es ist zu heiß, um irgendetwas zu suchen, womit man nach ihm werfen könnte.

»Wird Charly sein«, sage ich. »Der kommt, um nachzusehen, ob der Alte ihm ein paar Krümel hingeworfen hat.«

Charly traut uns nicht. Er macht einen Bogen um uns, bevor er sich auf das Geländer schwingt. Einen kurzen Augenblick lang hält er dabei seinen Schwanz gegen das Licht. Ich kann durch das Fell an seinem Schwanz den dünnen, gebogenen Knochen sehen.

»Wie Federn«, sagt John, »wie dünne graue Federn. Vielleicht hätte ich den Revolver von meinem Alten mitbringen sollen. Eichhörnchen schießen.«

Ich stelle mir Charlys Schreck vor und das blöde Gesicht von der Nachbarin, die aus dem Küchenfenster ruft: »Habt ihr was gehört, Jungs? Kann es sein, dass da jemand geschossen hat?«

Und ich antwortete: »Ja, Ma'm, wir schießen Ihnen gerade ein paar Eichhörnchen für 'ne ordentliche Suppe.«

»Hast du was von Essen gesagt?«, höre ich John neben mir.

Er hat immer Hunger. Zu Hause hat er einen Haufen Geschwister. Obwohl er der Älteste ist, geben sie ihm nie genug. Oder sie haben nie genug.

»Vierhundert Dollar«, sagt John, »vierhundert und ein paar zerquetschte, die sollen aber gekürzt werden.«

Wahrscheinlich sind sie froh, dass sein Alter eine Weile nicht da ist. Ein hungriges Maul weniger. Gerade will ich John vorschlagen, in die Küche zu gehen, als sein Telefon piept. Er hat das Ding seit ein paar Wochen. Frag mich nicht, woher. Wahrscheinlich von den Leuten, für die er hin und wieder einen Gang erledigt. So können sie ihn immer gut erreichen.

»Kommst du mit?«, fragt John. »Ich hab 'ne kleine Besorgung zu machen.«

Wir stehen auf und trotten unter den Bäumen entlang. Bloß im Schatten bleiben, wenigstens davon gibt's hier genug. Wie es wohl kommt, dass vor jedem zweiten Haus jemand sitzt und auf die Straße starrt? Die starren uns entgegen und starren uns nach. Sehen aus wie die Zuschauer beim Tennis, die ihre Köpfe alle zugleich hin und her wenden, wenn sie dem Ball hinterhersehen. Nur langsamer. Mit dem Tempo von Tennisbällen haben wir beide ja nun auch wirklich keine Ähnlichkeit, finde ich.

John trifft seinen Auftraggeber im Kino. Das heißt, früher war es mal ein Kino. Jetzt ist der Eingang mit Brettern vernagelt. Dahinter ist irgendwas, aber ich bin noch nie drin gewesen. Ich vermute, es stinkt da gewaltig nach Drogen, weswegen es mir recht ist, draußen zu warten. Ich hab nichts gegen Drogen, aber die Kerle, die drauf sitzen, sind gewaltige Wichtigtuer. Ein Wagen mit schwarzen Pigs fährt vorbei. Ich pfeife ein bisschen, damit John nicht gerade jetzt hinter den Brettern hervorkommt.

»Ist ein gutes Frühstück drin, für uns beide«, sagt er, als er sich neben mich auf den Bordstein setzt. Wir stehen auf und schlendern los. Unterwegs erzählt er mir, er muss nach Chinatown. Irgendwo läuft da 'ne Party. Anscheinend ist den Leuten der Stoff ausgegangen. Kann sein, dass Mom auf ihrer Tour gerade bei Starbucks in Chinatown angekommen ist. Ich sage das John, und wir beschließen, ein bisschen Abstand von Starbucks zu halten.

Von der Party sehen wir nichts, außer dass sie in einem Haus mit Marmoreingang stattfindet, in das man uns sonst gar nicht reinlassen würde. Wir gehen die Treppe rauf, auf jedem Absatz ein großer Spiegel.

»Mann«, sagt John, »ich kann schon im Spiegel sehen, wie viel Hunger ich hab.«

Er sieht wirklich ziemlich dünn aus neben mir. Auf dem zweiten Treppenabsatz erwartet uns ein Kerl in Jeans und Seidenhemd, sieht genauso aus, wie ich mir die Bewohner dieses Hauses vorstelle. Ein Weißer, vielleicht ein bisschen älter als Mom, aber sehr viel vergammelter. Und freundlicher. Das kann er wohl, wenn er so viel Geld hat, dass er am Tage feiert, anstatt zu arbeiten.

Als wir wieder auf der Straße stehen, zeigt John einmal kurz seine geöffnete Faust. Ich kann zwanzig Dollar erkennen. John schlägt zum Frühstücken die Markthalle in North East vor, aber ich bin dagegen. Auf den Bänken davor sitzen immer Leute aus dem Viertel. Oft genug sind Idioten darunter, die Mom hinterher erzählen, ich sei mit weißem Dreck unterwegs gewesen.

»Gut, fahren wir ein Stück mit der Metro«, schlägt

John vor. Aber ich hab eigentlich keine Lust dazu. Wegen dem Fahrgeld und weil mich die Ansammlung von frisch gewaschenen Weißen krank macht. »So viele verschiedene Duschgelgerüche vertrage ich nicht auf nüchternen Magen«, sage ich zu John, aber der ist schon die Treppe runter.

Angenehm kühl ist es hier unten. Wir steigen einfach irgendwo aus. Glück muss der Mensch haben. Wir kommen aus dem Metroschacht und was sehen wir? Ein Diners. John sieht mich an. Ich sehe John an. Ihm läuft das Wasser im Mund zusammen. In der Tür steht eine kleine Warteschlange. Der Kerl vor mir hat eine Smith & Wesson im Gürtel. Er trägt die Kanone nicht mal im Halfter. Ein kurzer Griff und: »Hände hoch! Dürften wir um die Brieftaschen der anwesenden Herrschaften bitten?«

»Mann, hab ich Hunger«, sagt John neben mir. Wir stehen direkt vor der Kasse. Man kann sehen, was die Leute am ersten Tisch vor sich aufgebaut haben. *Ham and eggs* und Pommes frites und gebratene Kartoffeln und Maisbrei und einen Pfannkuchenturm, auf dem gerade ein Stück Butter versickert, das eben noch so groß war wie ein Hühnerei. Da jetzt Ahornsirup drauf …

»Bitte, die Herren«, sagt der Platzanweiser und geht vor uns her durch die Tischreihen.

Wir kriegen einen Platz am Fenster. Gegenüber sitzt

der Kerl mit der Smith & Wesson und studiert die Speisekarte. Ich weiß schon, was passieren wird. John wird für das ganze Geld bestellen, hinterher wird uns übel sein, jedenfalls mir, und wir werden den Rest des Tages auf der rückwärtigen Veranda liegen und verdauen, nur dass John so gegen acht loszieht. Um die Zeit wird Mom zurückerwartet, und bei ihm zu Hause werden die Krümel verteilt, die sie dort Abendessen nennen. Wahrscheinlich wird der verfressene John sogar versuchen, etwas davon abzubekommen. Das Zeug, das Mom von Starbucks mitbringt, kann sie mit dem Alten allein essen. Kann sein, dass ich später am Abend wieder so weit bin, vor die Tür zu gehen.

Ein paar Straßen weiter steht eine Fabrik leer. Da haben sie früher Klebstoff gemacht, glaube ich. Das Zeug, das die Kids schnüffeln. John will damit groß geworden sein. Wenn man bei ihm von ›groß‹ reden kann. Jedenfalls ist die Fabrik irgendwann in die Luft geflogen, oder ein Teil davon. Am Abend, wenn die größte Hitze vorbei ist, kann man es dort einigermaßen aushalten. Kann sein, dass ich hingehe, heut Nacht.

SAM Deine Mutter ist dumm, Red Bull. Sie ist meine Tochter, aber ich sage es trotzdem: Sie ist dumm und du weißt das. Du und ich, wir wissen es, aber das wird nichts ändern. Sie wird diesen Jungen, mit dem du an mir vorbeischleichst, weiter »weißer Dreck« nennen. Wenn sie klug wäre, würde sie ihm zu essen geben. Vielleicht könnte sie damit das Unglück verhindern. Denn ein Unglück wird es geben, Red Bull. Sie will ihn nicht bedienen, deinen Freund John, genauso wie sie die Schwarzen in Greensboro nicht bedient haben. Greensboro, North Carolina, das sollte ihr etwas sagen.

Dir sagen die Worte *Greensboro, North Carolina* etwas, Red Bull. Als du klein warst, hast du mir zugehört.

Wir bedienen keine Neger – so stand es über der Theke der Cafeteria bei Woolworth in Greensboro. Und nicht nur dort. Es stand so über allen Theken in allen Restaurants in dem ganzen verfluchten Süden.

Dann, eines Morgens, kamen die vier Studenten in die Cafeteria von Woolworth. Sie setzten sich auf die Barhocker vor der Theke und sahen den Barkeeper an.

»Kaffee«, sagte einer der vier. Und ein anderer sagte:

»Viermal Kaffee, bitte, mit viel Milch.«

Konnten sie nicht lesen, die vier? Dem Barmann waren sie keine Antwort wert. Er hob seinen linken Arm, der braune Ärmel seiner Jacke rutschte ein wenig zurück, sodass die vier sein Handgelenk sehen konnten und das goldene Armband, das daran schlenkerte. Mit dem Finger zeigte er auf das Schild über der Theke, das er nur von hinten sehen konnte. Er wusste auch so, was darauf stand: *Wir bedienen keine Neger.*

Das war bei Woolworth, dem Laden, der vom Geld der Schwarzen lebt. Denn wenn sie Geld verdienen, tragen sie es dorthin, weil man ihnen, genauso wie den armen Weißen, eingeredet hat, dort kaufe man billig. Woolworth bedient keine Neger.

Weißt du noch, was die vier getan haben, Red Bull? Erinnere dich: Sie sind nicht aufgestanden, haben nicht die Köpfe eingezogen, vielleicht »Entschuldigung« gemurmelt und sind weggegangen. Sie sind einfach sitzen geblieben. Sie blieben da sitzen, bis der Laden am Abend geschlossen wurde. Obwohl die Barhocker nicht bequem waren, und das war das Wenigste.

Da hätte deine Mutter Recht gehabt, wenn sie »weißer Dreck« zu den Leuten gesagt hätte, die den ganzen Tag über in die Cafeteria kamen, um den schwarzen Studenten das zu sagen, was sie für ihre Meinung hielten. Wenn Spucke Meinung ist oder solche Sachen wie: »Wollt ein Nigger Kaffee haben, hat er nicht bekommen. Hat auf dem falschen Stuhl gesessen, hat sich schlecht benommen.« Oder: »Lern lesen, Nigger, bevor du unter Menschen gehst.« Oder: »Wer hat denn den schwarzen Affen gezeigt, wie man richtig herum auf dem Barhocker sitzt?«

Sind sie am nächsten Tag zu Hause geblieben, die vier?

Ich wollte, du würdest heute Abend zu Hause bleiben, Red Bull. Heute Abend und morgen Abend. Und dann?

Sie kamen wieder, aber sie waren nicht mehr allein. Sechsundsechzig Plätze hatte die Cafeteria von Woolworth in Greensboro. Dreiundsechzig davon besetzten am nächsten Tag schwarze Studenten. Niemand hat sie bedient. An diesem Tag nicht und auch nicht an den nächsten Tagen.

Aber da ist die Sache schon öffentlich bekannt geworden. Die Radios in Greensboro haben berichtet. Erst die Radios und dann die Zeitungen und die Fernsehstationen.

Wie schmutziger Schaum wurde er hochgespült, der weiße Dreck. Rottete sich abends vor der Cafeteria zusammen, wenn die Studenten den Laden verließen, in dem sie auch an diesem Tag nicht bedient worden waren. Pöbelte und brüllte, schlug auch mal zu, der weiße Mob. Da war eine Frau, die ihre Kinder mitgebracht hatte. Sie sollten sich das Spektakel ansehen.

»Sitzen da drin, den ganzen Tag, diese Nigger, und kriegen nichts zu fressen. Hat man so was schon gesehen? Gib ihnen doch einen Happen, wenn sie rauskommen. Geht und holt eine Tüte Pommes frites. Los Kinder, beeilt euch, sie kommen. Nicht auf die Füße,

Mensch, oben haben sie ihr Maul. Schmeiß nach oben, nach oben, hab ich gesagt!«

Deinen Freund John, schick ihn nach Hause, wenn er die Waffen mitbringt. Schick ihn damit nach Hause, Red Bull. Er wird sie mitbringen, ich weiß es.

Sie haben es ein *Sit-in* genannt, damals. Das erste Sit-in hat zwei Monate gedauert. Dann hat die Stadtverwaltung von Greensboro beschlossen, dass in allen Restaurants auch Schwarze bedient werden sollen. Und wenn nun Cafés und Restaurants die einzigen Orte gewesen wären, die nicht für Schwarze und Weiße gedacht waren, dann wäre alles in Ordnung gewesen. Aber es gab noch Kirchen, in denen nur Weiße beten durften. Und Schwimmbäder, in denen nur Weiße schwimmen durften. Und Kinos, in denen durften nur Weiße sitzen. Je öfter aber Sit-ins stattfanden, desto mehr Freunde gewannen unsere Brüder und Schwestern.

Da wurden sie aufgegriffen und vor Gericht gestellt wegen Hausfriedensbruch. Die Richter verhängten Geldstrafen. Aber die Demonstranten zahlten nicht. Sie gingen in die Gefängnisse und saßen ihre Geldstrafen ab. *Jail-in* nannten sie es, wenn sie sich friedlich am Gefängnistor meldeten, um ihre Geldstrafe abzusitzen. Friedlich. Ohne Waffen. Die Waffen hatten die anderen. Die Polizei hatte Wasserwerfer und Tränengasbomben.

Der weiße Mob hatte Hunde, die waren wild auf

schwarze Haut. Und Knüppel. Sie hatten auch Gewehre. Und Eisenstangen. Den Brüdern und Schwestern ist es schlecht ergangen. Man hat sie nicht umgebracht. Nein, nur gefoltert, damit sie zeigen konnten, was uns passiert, wenn wir weiter darauf bestehen, in ihren Kirchen zu beten. In ihren Hotels zu schlafen. In ihren verdammten weißen Schwimmbädern zu schwimmen.

Da kommt deine Mutter, Red Bull. Ich höre ihr Auto. Wenn ich sehen könnte und gehen, ich würde aufstehen und auf den Parkplatz gehen, um ihr die Tüten abzunehmen. Gleich wird sie die Treppe zur Veranda heraufkommen.

»Immer noch so heiß, Paps«, wird sie sagen. »Der Junge nicht da?«

Ich hab Hunger, Red Bull. Aber es ist mir egal, ob sie mir etwas zu essen macht. Ich wollte, ich könnte ihr antworten, wie sie hofft.

»Immer noch heiß, Tochter«, würde ich sagen. »Der Junge hat angerufen. Muss für seinen Chef noch was erledigen. Kommt etwas später. Alles in Ordnung, Tochter«, würde ich sagen. »Er steckt nicht in dieser verdammten Fabrik.«

RED BULL Mehr als zwanzig sind wir selten. Das ist in Ordnung. Du kennst jeden, weißt, auf wen du dich verlassen kannst. Die Jungen sind misstrauisch. Zu Recht, finde ich. Hier ist Krieg. Davon, dass du weißt, auf welcher Seite jemand steht, kann dein Leben abhängen.

Das mit dem Krieg wird so geredet. Meistens sitzen wir rum und quasseln. Zu erzählen gibt es immer was. Vor ein paar Monaten hat jemand diesen fetten Sänger erschossen, in Kalifornien, glaube ich. Darüber haben wir nächtelang geredet. Eine Zeit lang haben wir darüber geredet, ob John bei uns mitmachen kann. Ist klar, dass ich dafür bin. Den anderen war's ziemlich egal.

Aber einer war dabei, dessen großer Bruder ist irgendwo, nicht in Washington, in New York, glaube ich, bei den *Fruits of Islam.* Das ist so etwas wie eine Geheimarmee, mit Waffen und Disziplin. Sie gehören zu den *Black Muslims*, sind wohl deren Privatarmee. Jedenfalls der, dessen Bruder dabei war, hatte was dagegen, dass John hier mitmacht. Aber er hatte sonst keinen Grund, außer dem Gequatsche von den weißen Teufeln, mit denen man sich nicht einlassen soll. Alles wurde hin und her gewendet.

Johns Mutter ist ja nun wirklich 'ne echte Welfare-Queen, fünf Kinder, keine Arbeit, der Alte ein Versager. Keifen kann die, dagegen ist meine ein Waisenkind. Weiß, na gut. Aber soll sie deshalb zu den blauäugigen weißen Teufeln gehören, die auf die Welt geschickt wurden, um das Böse oder irgendsowas zu verbreiten? Das behaupten diese Black Muslims anscheinend. Deshalb soll die Freundschaft zwischen Weißen und uns verboten sein. Auch die anderen waren nicht ganz überzeugt. Deshalb wurde John eingeladen.

Ich hätte es ihm übel genommen, wenn er nicht gekommen wäre. Ein bisschen hab ich aber damit gerechnet. Er ist nicht besonders mutig. Er meint, das kommt daher, dass sein Alter ihn so oft windelweich geschlagen hat, als er klein war. Ich kann froh sein, dass mir so was erspart geblieben ist. Sagt John.

Jedenfalls hat die Gang ihn aufgenommen. Der mit den weißen Teufeln hat ziemlich bald mit dem Gerede aufgehört. Er hat sogar gesagt, er will seinem *Fruits-of-Islam*-Bruder nichts von ihm erzählen. Ist vielleicht besser so. Der ist zwar in New York oder so, aber womöglich haben die hier 'ne Untergruppe und dann wäre sicher 'ne Schießerei fällig.

Nicht dass jemand was dagegen hätte, gegen die Schießerei. Aber doch nicht wegen dem weißen Teufel John.

John ist gekommen und setzt sich neben mich, mit dem Rücken gegen die Mauer. Es ist gerade wieder ein großes Gerede im Gange.

»Es wäre besser, man würde alle Weiber aus dem Viertel vertreiben. Oder sie sollen nur in die Schule und wieder zurück dürfen. Jedenfalls nicht auf der Straße herumlaufen, wie sie Lust haben.« Da sind wir bei unserem Lieblingsthema angekommen. John interessiert das Gerede über Weiber überhaupt nicht. Irgendwie spielen sie für ihn keine besondere Rolle. Er meint aber, das kommt noch.

»Mein Vater ist im Knast«, sagt er laut.

Das ist hier nun wirklich nichts Besonderes. Ich meine, wenn John so was sagt, meint er noch etwas anderes, als dass sein Vater im Knast ist wie die Alten von drei anderen hier auch. Und wer weiß, wo die sind, von denen man nicht weiß, wo sie sind. Also stoße ich ihn mit dem Ellenbogen in die Seite, sodass er mich ansieht. Und begreift, was ich meine.

Einen Augenblick ist es ruhig, weil alle John ansehen, aber der sagt nun nichts mehr.

»Eher kommt ein Kamel durch ein Nadelöhr, als dass ein Weißer in den Knast kommt, mein Jungchen.«

Der das sagt, ist unser Schauspieler, und er flötet die Worte wie der Reverend am Sonntagmorgen in der Kirche. Alle lachen, und ich kann leise zu John sagen:

»Müssen die doch nicht gleich wissen, Mann!«

Er versteht, was ich meine, aber das Thema Knast ist nun einmal da.

»Was hat er denn verbrochen, dein Alter?« Der da fragt, hat seinen Vater schon seit zwei Jahren nicht mehr gesehen. Man munkelt, er besucht ihn regelmäßig in Lorton. Aber wenn man ihn fragt, sagt er, es stimmt nicht.

»Was wird er schon getan haben?«, sagt einer von den drei Laredo-Boys.

»Wird eine von Johns kleinen Schwestern vernascht haben.«

»Ach, wird so was jetzt bestraft?«

»Musst du doch am besten wissen«, antwortet ein anderer von den Laredos.

Irgendwas liegt in der Luft und das ist nicht nur die Hitze. Selbst jetzt, im Dunkeln, müssen noch mindestens dreißig Grad sein. Durch die leeren Fensterhöhlen, die zur Straßenseite hin liegen, fällt Scheinwerferlicht, wenn draußen die Autos langsam vorbeifahren. Wenn ich dann John ansehe, bemerke ich die schweißnasse Stelle in der Kuhle an seinem Hals. Ich sehe auch, wie er schluckt und beginnt, sich langsam hin und her zu wiegen. Ich hab keine Lust auf eine Prügelei, auch nicht auf eine unter Freunden, die nichts zu bedeuten hat.

»Hat einer was davon gehört, dass sie jetzt Kinderknäste bauen?«, frage ich.

»Wie meinst du das?«, fragt Steve.

Er fragt dauernd: Wie meinst du das? Manchmal glaube ich, er ist nicht nur der Kleinste, sondern auch der Dümmste von den Laredo-Brüdern. Obwohl die

Brüder behaupten, er sei ihr bestes Pferd im Stall. Und »Wie meinst du das?« sagt er angeblich nur, weil er einem zwei Sätze später beweisen will, dass man Unrecht hatte.

Aber das mit den Kinderknästen habe ich auf CNN gesehen.

»In Illinois«, sage ich. »Da gibt es ein Hochsicherheits-Jugendgefängnis. Da kommst du schon ab zehn rein. Und in der Nähe von Chicago bauen sie auch so 'n Ding.«

»Kiddie-Prison«, sagt John leise neben mir. Er denkt an seine beiden Brüder, die ihm manchmal mächtig auf die Nerven fallen.

»Und was muss man tun, um da reinzukommen?«

Das ist noch mal der kleine Laredo. Eigentlich wollte er »Wie meinst du das?« sagen, aber es hat wohl nicht recht gepasst.

Außen an der Mauer rasen die Pigs mit eingeschalteten Sirenen entlang. Das blaue Licht sieht man nacheinander in jedem Fensterloch. Sieht schön aus. Die Sirene ist so laut, dass ich nicht antworten muss. Gleich darauf rast ein zweiter Wagen hinterher.

»Einfach eine dumme Frage stellen«, höre ich John neben mir sagen. Das, was dann wirklich passiert, ist schlimmer. Viel schlimmer. Aber daran denkt zu dem Zeitpunkt noch keiner.

Wir lachen beide. Dann sehe ich, wie John aufsteht

und die Dose wegkickt, die die ganze Zeit neben seinen Füßen gelegen hat.

»Kommt einer mit? Nachsehen?«, fragt er.

Außer den drei Laredos kommt niemand mit. Wir steigen nicht vorn an der Straße aus den Fenstern. Der Weg nach hinten raus, im Dunkeln über die Trümmer, ist schwieriger. Aber keiner von uns geht vorn raus und bis jetzt hat es genützt. Man muss ja nicht der ganzen Welt zeigen, wo man seine Abende verbringt.

Als wir die Straße erreichen, sieht es so aus, als wäre hier niemals jemand durchgerauscht. An der Ecke bauen zwei Penner ihre Pappkartons auf: Schlafenszeit.

»Ich glaub, die sind in Richtung Schnapsladen«, sagt John neben mir.

Wir gehen einfach weiter, kein schlechter Abend, so unter den Bäumen langzuschlendern. Es riecht nach irgendwas, irgendwelchen Blüten, die von den Bäumen runterhängen. Aus manchen Häusern riecht es nach Grillfleisch, und diesmal können wir sicher sein, dass wir nicht die sind, die mit Sirenengeheul gesucht werden.

»Da vorn, wie ich gesagt habe«, höre ich John wieder neben mir. Jetzt seh ich ihn. Ich kenne den Kerl vom Schnapsladen auch: geldgeil, immer schlecht gelaunt, behandelt seinen Laufburschen mies, ein echter Drecksack. Er steht vor seiner kaputten Schaufensterscheibe und sieht aus, als wolle er in Tränen ausbrechen.

»Nun sehen Sie sich das an, diese Zerstörung!« Er meckert vor sich hin wie ein Ziegenbock.

»Wie meinst du das, Onkel?«, höre ich den kleinen Laredo sagen.

Er hat sich direkt vor dem Ladenbesitzer aufgestellt und ihn angesprochen, bevor er die Beine in die Hand nimmt. Wir hauen auch ab. Hier ist nichts zu holen. Im Rennen sehe ich zwei Weiße auf dem Rücksitz im Bullenauto. Das müssen die sein, die versucht haben, den Bruch zu machen.

»Nicht von hier«, höre ich John neben mir keuchen.

Weißer Dreck, denke ich, aber ich sage es nicht laut. Im Laufen konnte ich noch nie gut reden.

MOM Ich gehöre zu den Starbucks-Menschen. Wenn jemand sagt: »Du bist Putzfrau«, dann sage ich: »Jawohl, ich bin Putzfrau bei Starbucks.«

Im Gebiet von Washington haben wir zweiundsechzig Läden. Und in zehn davon kannst du jeden Morgen um acht, wenn geöffnet wird, vom Fußboden essen. Oder von allem anderen, worauf du deinen Becher stellst. Denn diese zehn Läden sind die, in denen Mom Spencer sauber macht.

Oder warum gehöre ich sonst seit drei Jahren und

zwei Monaten zu den Starbucks-Menschen?! Etwa weil ich meine Pflichten nicht kenne? Ich weiß, was ich Starbucks schuldig bin. Unsere Starbucks-Geschichte beginnt nämlich in der reichen alten Erde eines Landes, das zu den exotischsten der Welt gehört. Von Guatemala bis Neuguinea, von Mexiko bis Äthiopien suchen wir mit unvergleichbarer Leidenschaft arabische Kaffeebohnen. Wir suchen sie für die größten spezialisierten Kaffeefirmen. Da landet nämlich das, was wir suchen. Für uns geht es aber schon vorher richtig los. Denn innerhalb einer einzigen Kaffeeregion können hundert verschiedene Kaffeebauern arabische Bohnen anbauen. Um festzustellen, was ihre Bohnen wert sind, nimmt Starbucks von jedem eine Hand voll und röstet sie, manchmal direkt unter den Bäumen der Plantage. Und wenn wir schon wählerisch sind beim Kaufen der Bohnen, so sind wir geradezu fanatisch, wenn's ans Rösten geht. Es gibt Leute, die unseren einzigartigen Röstprozess gefährlich und teuer nennen. Wir ziehen es vor, einfach von der Starbucks-Röstung zu sprechen. Damit nämlich erschließen wir den verborgenen Zauber jeder einzelnen Kaffeebohne. Und wir Starbucks-Menschen sehen das als eine Kunst an, die nur wenige beherrschen.

Glücklicherweise ist das eine Erfahrung, die jeder mit uns teilen kann. Man muss nur ein Getränk in einem unserer Läden genießen oder Starbucks-Kaffeebohnen für zu Hause kaufen. Ich glaube, dass es ein großes Glück für mich ist, für so eine wunderbare Firma arbeiten zu dürfen. Ich bin eine zweimal glückliche Person: Arbeit haben und bei Starbucks arbeiten, das nenne ich zweimal glücklich. Das ist es, weshalb meine zehn Starbucks-Coffee-Shops die saubersten sind. Darauf möchte ich wetten.

Wenn ich Zeit hätte, würde ich mir ein paar von den anderen Läden ansehen. Brauchte ich bloß mit dem Finger die feinen braunen Regale entlangzufahren, heimlich, während ich an einem der kleinen braunen Tischchen sitze und einen Drip-Coffee trinke.

Der Drip-Coffee hat Aroma. Denn eins der Geheimnisse, wie ein großer Kaffee gebraut wird, ist das richtige Verhältnis von Kaffee und Wasser: zehn Gramm Pulver auf sechs Unzen Wasser. Das bringt das beste Aroma ohne jede Bitterkeit. Das Wasser ist frisch und besonders gefiltert, um sicherzugehen, dass keine Unreinheit das Aroma beeinflussen kann. Die Bohnen sind frisch und sorgfältig ausgesucht, um das Aroma aufzuschließen und auf jeden Fall die richtige Zubereitung zu sichern.

Zubereitet wird bei genau 195 Grad Fahrenheit. Die Temperatur wird äußerst genau kontrolliert, um die Feinheit des Aromas nicht zu zerstören und zu garantieren, dass die letzte Tasse so köstlich schmeckt wie die erste.

Natürlich könnte ich auch eine von den beige-braunen Starbucks-Kaffeetüten in die Hand nehmen und nachsehen, ob ich auf dem rot-braunen Regal darunter einen Staubrand erkennen kann, da, wo die Tüte gestanden hat. Dabei könnte ich mich ein bisschen umsehen. Sind die grauen Steine des Fußbodens ohne Flecken? Kein Staub auf den Kanten der Ziegelsteine, mit denen die Wände verkleidet sind? Keine Schlieren von Putzlappen auf den großen Fensterscheiben?

Aber so viel Zeit habe ich nicht. Nur im Starbucks-Shop in Chinatown riskiere ich manchmal einen Blick auf das bunte chinesische Tor schräg gegenüber.

Das alles erzähle ich dem alten Mann, wenn ich ihn morgens, bevor ich losfahre, auf die Veranda schiebe. Ich sag ihm, dass meine Starbucks-Shops die saubersten sind. Dass ich wünschte, ich könnte Red Bull überreden, sich bei Starbucks als Verkäufer zu bewerben. Weshalb sollte er weniger Chancen haben als die drei netten jungen Leute, die bei Starbucks in Georgetown arbeiten?

»Was für nette junge Leute?«, fragt mich der alte Mann.

Und so viel Zeit habe ich noch, um ihm zu erzählen, wer sie sind. Denn sie sind die Einzigen, die ich genauer kenne, weil der Starbucks-Shop in Georgetown der letzte ist, den ich jeden Morgen putze. Da mache ich eine Pause, bevor ich mir den großen Fußboden in der Alten Post vornehme. Denn der macht viel Arbeit.

Kurz vor acht bin ich im Starbucks fertig. Da sind die drei schon da.

»Was für drei sind das?«, fragt mich der alte Mann, während ich ihm seinen Topf mit Bohnen neben den Schaukelstuhl stelle und mich auf die Treppenstufen setze, meinen Becher mit Kaffee von Starbucks in der Hand.

»Ist einer von unseren Leuten dabei?«

»Ja«, sage ich, »und was für einer! Kommt aus Vineland, heißt Emory und will unbedingt Musiker werden. Hat's nicht einfach, der Junge, aber hat sich in den Kopf gesetzt, unbedingt an der Howard-Universität Musik zu studieren. Deshalb ist er nach Washington gekommen. Arbeitet bei Starbucks, um das Geld für die Universität zusammenzukriegen.«

»Universität?« Ich höre den alten Mann brummeln, während ich meinen Becher in die Küche trage.

»Jawohl, Musiker, Universität«, sage ich. »Auch Schwarze gehen auf die Universität. Der wird es schaffen, dieser Emory. Solltest ihn hören, wie freundlich er mit den Kunden ist. So was gibt Trinkgeld. Bei Starbucks kommt es nicht darauf an, ob einer schwarz ist oder weiß. Freundlich muss man sein und tüchtig.«

Und ich denke an Red Bull, der noch im Bett liegt, wenn ich aus dem Haus gehe, und mein Herz wird schwer. Ist aber nicht gut, wenn das Herz bei der Arbeit schwer ist.

»Und die anderen?«, höre ich den alten Mann rufen. »Was ist mit den anderen? Wollen die auch zur Universität?«

Ist kein Leben, den ganzen Tag im Schatten auf der Veranda und nichts sehen, und das Einzige, was er hört, sind die verdammten Grillen, denen die Hitze schon morgens in die Beine gekrochen ist und die fideln, als könnten sie sie damit rauskriegen. Ich kann aber nicht länger bei ihm bleiben. Also rufe ich, während ich die Stufen hinunterlaufe und über den heißen Asphalt und auf dem Parkplatz die Autotür öffne:

»Heute Abend«, rufe ich. »Ich erzähl dir heute Abend von den anderen!«

Ich bleibe vor den Türen der alten Klapperkiste stehen, die innen so heiß ist wie ein Backofen, und warte einen Augenblick, bevor ich einsteige. Könnten eine große Portion Creme gebrauchen, deine Hände, denke ich. Das denke ich jeden Morgen, wenn ich meine Hände auf das Lenkrad lege. So als hätte ich sie nicht eben in der Küche noch eingecremt. Und dann fahre ich los und ich sehe den Müll am Straßenrand, den niemand abholt. Fahre an den Pennern vorbei, die die Kartons zusammenfalten, die sie Häuser nennen und die sie den Tag über weiß Gott wo verstecken.

Im Schnapsladen an der Ecke ist mal wieder eingebrochen worden.

Lieber Gott, lass meinen Sohn nicht dabei gewesen sein. Aber Schnaps trinkt er nicht. Nicht mal der weiße Dreck, mit dem er durch die Gegend zieht, trinkt Schnaps. Das sollen sie nicht glauben, dass ich nicht weiß, wen er mit nach Hause bringt, wenn ich weg bin. Auch wenn der alte Mann nichts sagt. Ich frage ihn auch nicht. Würde wohl schwindeln, der alte Mann. Und dann muss ich lachen, weil er nicht schwindeln kann.

»Lieber Gott, lass meinen Sohn nicht dabei gewesen sein«, beten heute alle schwarzen Mütter in unserem Viertel und wahrscheinlich sogar die paar weißen, die hier wohnen, weil sie woanders keine Wohnung bezahlen können. So beten sie alle, aber ich weiß, dass mein Sohn nicht dabei war. Denn Schnaps trinkt er nicht, mein Sohn, den wir Red Bull nennen, weil Red Bull das erste Wort war, das er sagen konnte. Da hatte ich seinen Vater noch nicht aus dem Haus geworfen. Da saß dieser kleine Knirps noch den ganzen Tag mit seinem Vater vor dem Fernseher und sah den Basketballspielern zu. Da saß der alte Mann nicht bei mir auf der Veranda, weil er noch arbeiten und sich selbst versorgen konnte.

Den würde ich auch bei mir behalten, wenn es ein Heim gäbe, das er bezahlen könnte. So weit ist es gekommen mit dir, Mary-Lou, dass du einen alten, blinden Mann brauchst, der mit dir redet, wenn du die Schrubberei hinter dir hast. Schrubben ist eben eine verdammt einsame Arbeit. Gäbe nicht viel zu reden dabei, wenn da Emory nicht wäre, der Musiker werden will, und die beiden anderen bei Starbucks in Georgetown, bei denen ich mir eine Pause gönne. Eine feine Gegend das, mit teuren Läden und wenig Polizei.

SAM Spät bist du gekommen, Red Bull, und nun schläfst du noch. Hast nicht deine dumme Mutter gehört, die vielleicht so dumm nicht ist, weil sie mit Arbeit versucht, uns durchzubringen. Mich überflüssigen Esser, der im Alter nicht für sich sorgen kann, und dich, der lustlos zur Schule geht, wenn er überhaupt hingeht, und keine Arbeit finden wird.

Dein Urgroßvater ist einer von denen gewesen, über die Billie Holiday gesungen hat:

Southern trees bear strange fruit.

Blood on their leaves and blood on the root …

Warum, glaubst du, haben wir in unserem Leben so viel Angst gehabt? Du hörst die Sirenen der Polizei, Tag und Nacht. Du hast dich daran gewöhnt. Wir haben nachts die Männer mit den weißen Kapuzen gefürchtet. Sie kamen und holten aus den Hütten, wen sie brennen wollten. Oder hängen. Oder teeren und federn.

Wovor wirst du eines Tages Angst haben, Red Bull?

Ich will jetzt nicht von Angst reden. Dafür bleibt Zeit genug. Ich will dir erklären, weshalb deine Mutter dumm ist, obwohl sie für drei arbeitet. Nicht weil sie den Blödsinn von Starbucks nachplappert, der in den Reklameheftchen steht. Sie hat mir das vorgelesen, damals, als sie den Job bekam. Den Quatsch von den leidenschaftlichen Bohnensuchern und reicher alter Erde. Sie könnte es besser wissen. Wir kommen von den Plantagen, Red Bull. Woher wir davor gekommen sind, weiß ich nicht. Aber wer von den Plantagen kommt, wer aus der Hitze kommt, aus dem Staub, aus den Wolken von Unkraut-Ex, wer mit kaputten Händen und vergifteten Lungen von daher gekommen ist, der weiß, was mit dem Gerede von den leidenschaftlichen Bohnensuchern gemeint ist. Nichts ist damit gemeint, außer: Kauft unseren Kaffee, Leute, damit der Haufen Geld größer wird, auf dem wir sitzen.

Nein, nicht deshalb ist sie dumm, deine Mutter, obwohl sie vielleicht vergessen hat, woher sie kommt. Ich möchte dir eine Geschichte erzählen, Red Bull. Und wenn du mir zuhören würdest, wenn du heute im Haus bleiben würdest, dann müsste ich es nicht fürchten, das Unglück, das kommen wird.

Was weißt du von der Freiheitsfahrt, die neunzehnhunderteinundsechzig hier in Washington begann? Sieben schwarze und sechs weiße Frauen und Männer hier in Washington nahmen sich vor, mit Bussen in den Süden zu fahren. Denn im Süden hatte man den Schwarzen schon lange wieder das Wahlrecht genommen. Da saßen wir nicht auf denselben Bänken wie die Weißen, lebten nicht in denselben Stadtteilen, uns nahm nicht dasselbe Krankenhaus auf. Mutig sind sie in die Überlandbusse gestiegen und kamen bis Aniston in Alabama.

Was war das für ein Haufen grölender Männer am Stadtrand? Der Busfahrer fuhr langsamer und versuchte zu erkennen, was die Männer am Stadtrand in ihren Händen hielten. Äxte waren es und Knüppel und Eisenstangen.

»Fahr weiter!«, rief man dem Busfahrer zu, und er fuhr.

Langsam fuhr er, wollte die Menschen auf der Straße vor dem Bus nicht verletzen. Was hat da so gekracht? Wo ist das Glas gesplittert? Weshalb schrien die Studenten im Bus? Weshalb schrien sie denn?

»Feuer!«, riefen sie, brüllten: »Feuer, halt an!«

Die da draußen auf der Straße haben durch die zerschlagenen Scheiben eine Brandbombe in den Bus geworfen.

»Halt an! Wir müssen raus! Wir verbrennen!«

Er hielt, der Busfahrer. Da stürzten sie auf die Straße, die Jungen und Mädchen, Schwarze und Weiße, nicht viel älter als du, Red Bull, nun nicht mehr mutig. Denn was nützt Mut gegen Eisenstangen, gegen Feuer in den Haaren, gegen Totschläger?

Dann zog er ab, der weiße Mob. Auf der Straße lag ein weißes Mädchen mit gebrochenen Armen. Auf der Straße lag ein schwarzer Student, ein Loch im Kopf. Es war Blut auf der Straße, ein Unglück. Ein großes Unglück war geschehen. Wo war das Krankenhaus? Sie schleppten sich hin. Hilfe wollten sie. Im Süden wollten sie Hilfe, in Aniston, Alabama. Bekamen sie Hilfe, Red Bull? Wer hat ihnen geholfen in dem großen Krankenhaus, das Ärzte hatte und Krankenschwestern und Verbandszeug und Betten und Mittel gegen Schmerzen und Brandwunden? Niemand hat ihnen geholfen.

»Dies ist kein Krankenhaus für weißes Pack, das sich mit Niggern eingelassen hat.«

»Hier gibt es kein Bett für weiße Niggerhuren, keine Brandsalbe für weiße Niggerhuren, keinen Verband für Nigger.«

Ich höre, dass du aufstehst, Red Bull. Machst du dich fein für die Straße? Für deine schwarze Straße in deinem schwarzen Viertel, Red Bull. Denn das ist es, wo du lebst in dieser großen Stadt, in der Hauptstadt der Vereinigten Staaten von Amerika. In der Hauptstadt von dem Land, das den Weißen gehört. Die die amerikanischen Staaten vereinigt haben. Die den Süden und den Norden vereinigt haben. Damit es keine Ungleichheit mehr gibt zwischen Schwarzen und Weißen. Das haben sie gesagt. Aber deine Straße ist schwarz, Red Bull. Dein Viertel ist schwarz wie deine Zukunft.

Ich höre, wie du unter der Dusche deine schwarze Haut schrubbst für die Zukunft. Vielleicht hast du eine Zukunft. Vielleicht ist es so, dass das Jugendgefängnis nicht für dich gebaut wird. Denkst du das, Red Bull? Du solltest besser nachdenken. Weshalb sollten sie die teuren neuen Gefängnisse bauen, wenn sie dich nicht reinlassen wollten. Weißt du nicht, dass in den Gefängnissen mehr Schwarze sitzen als Weiße? Was würden sie dir beibringen, Red Bull, wenn du in die Schule gingst? Dass es nur noch Rassen gibt, aber keine Klassen? Willst du so dumm bleiben wie deine Mutter?

Komm raus, Red Bull. Ich will dir die Geschichte von der Freiheitsfahrt in den Süden zu Ende erzählen. Denn ein Ende hat sie, nicht in Aniston, aber in Birmingham. Du solltest mich fragen, was in Aniston weiter geschehen ist. Liegen sie noch vor dem Krankenhaus, die blutenden Freiheitsfahrer? Hat man ihnen schließlich doch geholfen? Ja. Ein Pfarrer ist gekommen, ein Pfarrer aus der Bürgerrechtsbewegung.

Er hat sich von einem bewaffneten Autokonvoi in die Stadt fahren lassen. Der weiße Mob hat sich versteckt. Die Ärzte und Schwestern im Krankenhaus hat man gezwungen, die Verletzten zu behandeln. Sie haben ihre Friedensfahrt fortgesetzt. Bis Birmingham sind sie gekommen. Den Friedensfahrern ist die Kunde von den Ereignissen in Aniston vorausgeeilt.

Denk nach über die Rolle der freien Presse, wenn du Zeit hast, wenn du beim Frühstück sitzt, das deine Mutter dir hingestellt hat. Das du teilen könntest mit mir, dem alten Mann auf der Veranda, der nicht allein sitzen möchte.

In Birmingham hat der Mob tausend Köpfe. Und zweitausend Arme. Und wieder Eisenstangen. Und Benzin. Sie gaben erst auf, die Friedensfahrer, als einem von ihnen die Beine gebrochen wurden. Und als ein anderer brannte, weil der Mob seine Kleider mit Benzin übergossen hat. Da gaben sie auf. Und doch haben sie recht getan. Und deine Mutter ist dumm, wenn sie ›weißer Dreck‹ sagt. Das ist ihre wirkliche Dummheit. Der Armut ist es egal, ob einer schwarze oder weiße Haut hat. Geh noch nicht, Red Bull. Es ist heiß in den Straßen.

RED BULL Wenn du still wärst, alter Mann. Wenn du nur still wärst. Es ist mir egal, auf welcher Seite der Veranda ich frühstücke. Ich könnte auch bei dir sitzen.

Klar, wenn ich nichts sage, siehst du mich nicht. Du könntest still sein und zuhören, wenn ich mit Charly rede. Oder mit John.

John ist nicht gekommen. Also geh ich zu ihm. Unterwegs treff ich ein paar von den Jungens auf der Straße. Skooter will mir welche von den Hemden andrehen, die sie heute Nacht irgendwo mitgehen ließen.

»Ich kann das nicht bezahlen, Mensch.«

»Geh arbeiten, Kleiner«, sagt er und boxt mich.

Ich muss lachen. Am Schnapsladen sind sie dabei, neue Scheiben einzusetzen. Die Klopperei da drüben sieht gut aus. Scheint, als hätten die Jungens einen erwischt, der hier nicht hergehört. Allein geht man nicht in feindliches Gelände. Scheint der vergessen zu haben, oder?

Warum die Pigs schon morgens mit Geheule hier durchfahren? Sie wollen uns glauben machen, dass sie immer auf Draht sind. Ist ja einfach, wenn man abgelöst wird.

Haus kann man das eigentlich nicht nennen, wo John wohnt. Aber es war mal eins. So eins wie unseres, mit einer Holzveranda. Davon kann man noch Reste sehen. Ich glaub, sie verheizen das Holz im Winter. Oder seine kleinen Brüder spielen Lagerfeuer. Das Autowrack wollte sein Vater ausschlachten. Liegt schon lange vor der Tür. Daraus wird ja nun erst mal nichts werden. Er hat es ihnen als Geschenk zurückgelassen.

Sieht aus, als ob sie noch schlafen. Da bewegt sich was. In dem Autowrack.

»Seit wann schläfst du in der Blechkiste, John?«

»Seit meine Alte nachts Besuch hat, Mann.«

»Und wie liegt man in so einer Kiste?«

»Jedenfalls besser als drinnen. Ich hatte meine Ruhe. Außerdem – hier, willst du mal sehen, was hier drunter ist?«

Ich geh noch näher ran. Man kann nicht behaupten, dass es in Johns Schlafzimmer gut riecht. Hat wahrscheinlich vor ihm ein Stinktier drin geschlafen. John hebt ein Stück von der Polsterung hoch, sodass ich in das Loch darunter sehen kann.

»Ich seh nur Loch«, sag ich.

»Du musst näher rankommen, hier, fass doch mal rein.«

Jetzt hab ich was. Fühlt sich an wie ein Stein, um den Stoff gewickelt ist. Ist aber kein Stein, sondern leicht, wenn man's in die Hand nimmt.

»Darunter liegt noch was«, sagt John. »Halt das Ding nicht so hoch. Sie wissen nicht, dass ich hier was versteckt hab.«

»Ist das Versteck sicher?«

»Was meinst du mit sicher?«

»Ich meine, heute Nacht hast du drauf geschlafen, aber du kannst nicht den ganzen Tag mit deinem Hintern drauf sitzen. Und ich meine, ich hätte deine kleinen Brüder schon in diesem wunderschönen Auto beim Spielen gesehen.«

»Die Fabrik?«

Ich bin nicht sicher, ob die Fabrik ein gutes Versteck ist für zwei in Stoff eingewickelte Ballermänner. Man kann nie wissen, wann sie da die Abrissbirne reinknallen. Würde wohl komisch aussehen, wenn wir dann anfangen, in den Trümmern zu graben. »Du könntest sie verkaufen.«

»Bist du verrückt, Mann?! Ich verkauf sie und werd anschließend damit erschossen. Hab ich gerade gehört. Kommt neuerdings vor. Die nehmen die Waffen und wollen ihr Geld anschließend zurück. Kannst dich nicht mal verteidigen, bloß weil du die Dinger zu früh aus der Hand gegeben hast. Außerdem: Weiß man, ob ich nicht irgendwann mal zuerst schießen muss? Die verkauf ich nicht. Das ist mein Kapital.«

John hat Recht. Das war dumm von mir. Bloß, dass er schießen würde, glaub ich ihm nicht. Noch nicht. Aber darauf kommt's jetzt nicht an.

»Bei uns wären sie sicher«, sag ich. »Der alte Mann kann sie nicht sehen. Mom geht nicht unter die Veranda. Sie hat Angst vor Ratten.«

Johns Telefon piept. Er hat es in das Loch gelegt, wo früher mal das Radio drin war.

»Mein Büro«, sagt er, bevor er das Handy aufnimmt.

Er hört nur zu, sagt nichts und legt das Handy zurück ins Büro.

Ich finde, er sieht komisch aus. Ich sag nichts.

»Der Mann, bei dem wir gestern waren«, sagt John.

Ich sag noch immer nichts.

»Er hat gesagt, das Zeug war nicht in Ordnung, das wir ihm gebracht haben.«

»Und? War's nicht in Ordnung?« Ich weiß die Antwort schon, aber man kann ja mal fragen.«

»Mann! Du weißt doch, was bei uns los ist. Diese Familie braucht ständig Geld. Woher soll es denn kommen, wenn nicht aus meinen Geschäften? Kann ich doch nicht ahnen, dass der Kerl nachwiegt. Hätte ich was anderes reinmischen sollen? Das merken die, kann ich dir sagen, das merken die noch schneller.«

Das muss er mir nicht sagen, das haben wir schon ausprobiert. Ganz am Anfang, da hatte John den Job gerade gekriegt. Die hatten aber damit gerechnet.

»Machen alle Anfänger«, haben sie gesagt.

Sie haben ihm nichts getan, na ja, nichts ist vielleicht zu viel gesagt, aber den Job hat er behalten.

»Bloß als Warnung«, hat der Boss damals gesagt. »Ein nächstes Mal wird es für dich nicht geben.«

Johns Mutter steht plötzlich neben dem Autowrack. Bloß weil der Mann im Knast sitzt, muss man ja nicht gleich halb nackt rumlaufen. Sieht aus, als käme sie gerade aus dem Bett, seine Alte.

»Johnny, kannst du mal ein bisschen Milch holen? Deine kleinen Geschwister haben noch nicht gefrühstückt.«

Gefrühstückt. Die ist gut. Immerhin ist Mittag.

»Hast du einen geschäftlichen Anruf gehabt, Johnnylein?«, fragt sie, als sie das Telefon in der Radiohöhle sieht.

Ich wette, sie weiß, womit John Geld verdient. Scheint ihr aber egal zu sein. In der Tür, am Rand der abgebrochenen Verandastufen, stehen die Geschwister, halb nackt, drei, der Rest liegt wohl noch drinnen herum.

»Erzähl dem Kerl, der bei dir im Bett liegt, dass du Milch brauchst«, sagt John. »Ich hab jetzt Wichtigeres zu tun.«

»Schick den verdammten Nigger weg«, antwortet die Frau im Unterrock, dreht sich um und watschelt zum Haus zurück.

John nimmt das Telefon und steigt aus seinem Schlafzimmer. Er geht aber nicht weiter als bis zu den Türen an den Rücksitzen. Zu den Löchern, wo mal die Türen drin waren. Seine Mutter ist hinter der Hausecke verschwunden. Vorn kommt sie nicht hoch, weil die Treppe kaputt ist. Ich höre die Kleinen im Haus hinter ihr herbrüllen. John sieht mich so komisch an – was will er? Ach so, er prüft, ob der Revolver unter mein Hemd passt.

»Wird wohl gehen, wenn du die Pistole nimmst«, sage ich.

Das Haus sieht jetzt leer aus, wie eine verlassene Trümmerbude. Hocken wahrscheinlich alle in der Küche und glotzen in den leeren Kühlschrank. John greift unter die Rückbank und wirft mir einen braunen Beutel zu. Das geht so schnell, dass ich das Ding beinahe fallen lasse. Ein Knall in der Mittagshitze, das wäre genau das, was wir jetzt brauchen könnten. Ich weiß nicht, ob ich den Revolver habe oder die Pistole, das Teil ist jedenfalls ziemlich groß. Wie kann ich mit dem Ding unter dem Hemd durch die Stadt gehen, ohne dass irgendjemand Verdacht schöpft?

»Nach vorn, Mann«, sagt John.

Er spricht leise, so als ob wir belauscht werden könnten.

»Nach vorn und dann die Hände in die Taschen und gehen, als ob du Bauchschmerzen hättest.«

Er macht mir vor, was er meint. Man sieht das Ding bei ihm wirklich nicht. Vielleicht ist es kleiner als meins. Noch immer ist niemand im Haus zu sehen. Das Einzige, was sich bewegt, sind ein paar Schweißtropfen auf meinem Bauch, die Hinterbeine der Grillen und der Polizeiwagen, der mit Sirenengeheul an der Vorderseite des Schuttplatzes vorbeifährt, der vielleicht früher mal ein Garten war.

»Die fehlen uns gerade noch«, sagt John.

Aber wenn sie schnell fahren und die Sirene eingeschaltet haben, sind sie harmlos. Jedenfalls für uns, jetzt. Trotzdem gehen wir ihnen diesmal nicht nach.

Fühlt sich nicht schlecht an, das Ding da auf meinem Bauch. Ob ich auch so komisch gehe? John sieht aus wie John Wayne, wenn ihm einer das Pferd unterm Hintern weggeschossen hat und er zu Fuß durch die Wüste gehen muss. Oder wie Arnold Schwarzenegger, wenn er den Kindergartencop spielt und Angst hat, beim Hinsetzen die Möbel zu zerbrechen. Ich weiß nicht, weshalb mir so was Blödes einfällt. Das hier ist nicht komisch, glaube ich.

Irgendein sicheres Versteck für die Waffen werden wir schon finden. Für den Anfang ist der Platz unter unserer Veranda schon in Ordnung. Nicht in Ordnung sind die Leute, für die John arbeitet. »Keine Ahnung, was ich machen soll«, sagt er neben mir. »Sonntag um zwölf haben sie das Geld oder ...«

»Oder was?«

John fährt sich mit dem Finger über die Kehle. Das heißt, sie werden ihn umbringen.

»Für so ein bisschen Kohle?«, frage ich, und ich ahne die Antwort.

»Dreimal, die letzten drei Male«, sagt John. »Sie wollen zweihundert Dollar haben. Zweihundert Dollar, Mann. Woher soll ich die nehmen?«

Er hat Angst und die hätte ich an seiner Stelle auch.

Das Leben ist nicht viel wert hier in der Gegend, aber es ist immerhin das Leben. Dass solche Leute nicht lange fackeln, weiß man.

»Sie könnten dir neue Aufträge geben, ohne Bezahlung. Du könntest das Geld abarbeiten«, sage ich.

Ich muss nicht lange nachdenken, um zu wissen, dass ich Quatsch rede. Hier gibt es genug Leute, die sich um so einen Job reißen. Da brauchen die nicht unbedingt einen, mit dem sie schon mal schlechte Erfahrungen gemacht haben. Die Wahrheit ist, ich weiß auch nicht weiter. Zweihundert Dollar bis Sonntagnacht. Ich fühle den Schweiß unter dem Beutel auf meinem Bauch. Der Stoff kratzt und die Schweißtropfen rinnen mir über den Sack.

Jetzt hört man die Sirenen nicht mehr. Die Straße liegt wie ausgestorben da. Wenn die alten Leute auf den Veranden nicht wären, könnte man auf den Gedanken kommen, die ganze Gegend sei ausgestorben. Nach einem Atomschlag, dem, wo bloß die Häuser übrig bleiben und alles andere wird vernichtet.

»Glaubst du, dass man bei euch in der Küche was zu essen findet?«, fragt John.

»Klar«, sage ich. »Vorhin war jedenfalls noch was da.«

Der alte Mann auf der Terrasse ist eingeschlafen. Sein Mund steht offen, aber er gibt keine Geräusche von sich. Er hat den Deckel nicht wieder auf den Topf gelegt. Charly hat sich über das Essen hergemacht. Er verkrümelt sich, als wir ums Haus schleichen. Auf der Rückseite ist Schatten. Die Fenster vom Nachbarn sind zu.

»Die machen die Fenster nur zu, wenn sie unterwegs sind«, sage ich.

Beide gleichzeitig ziehen wir die Beutel aus dem Hosenbund.

»Darf ich?«, frage ich, aber John hat seinen Beutel schon aufgemacht. Der Revolver ist größer als seine Hände. Er dreht die Trommel.

»Fünf Schuss sind drin«, sagt er.

Die Pistole in meiner Hand ist kleiner. Das Magazin ist geladen. Wir stecken die Dinger wieder in die Beutel und kriechen unter die Veranda. Irgendwann muss hier mal jemand Tiere gezüchtet haben. Kaninchen oder Meerschweinchen oder was weiß ich. Die Reste von zerbrochenen Ställen stehen herum, alte Blumentöpfe liegen auf dem Boden, rissige Schläuche und ein Stück, das aussieht, als wäre es mal das Schutzblech von einem Chrysler gewesen.

Wir nehmen die kaputten Ställe von der Hauswand. Dahinter sind Löcher in der Mauer, groß genug, um die Sachen darin verschwinden zu lassen. Schweigend räumen wir die Bretter wieder davor.

»Sieht aus wie vorher«, sagt John.

Er steigt die Veranda hoch, hockt sich mit dem Rücken gegen die Wand unter dem Küchenfenster und streckt die Beine von sich.

Könnte ein friedlicher Tag werden, denke ich, als ich mit dem Brot auf die Veranda komme und ihn da hocken sehe. Wenn er nicht so ein Gesicht machen würde.

»Ich muss mir was einfallen lassen«, sagt John, als er die Brote gegessen hat. Unter seinen Augen ist die Haut schwarz vor Angst.

MOM »Gib mir einen *Caffè latte,* Caity.«

Ich will mich einen Augenblick setzen und dir zusehen. Immer bist du die Erste, Caity, dabei so jung, so zart. So tüchtig. Führst diesen Starbucks, wie es Mister Starbucks persönlich nicht besser könnte. Bei dir würde mein Junge etwas lernen. Erst kommt ein Schuss frisch gezogener Espresso in den Pappbecher, kein gewöhnlicher Espresso, nein, der von Starbucks hat ein volles Aroma und ist kompliziert zusammengesetzt. Er ist ja auch die Basis für alle die anderen beliebten Starbucks-Espressogetränke.

Ich will dich bitten, die Geschichte von der Tochter des Präsidenten zu erzählen, aber erst wenn du den wundervollen Caffè latte zubereitet hast. Zuerst kommt jetzt nämlich auf den Schuss Espresso, der unten in dem Pappbecher schon darauf wartet, ein Caffè latte zu werden, geschäumte Milch. Ausschließlich frische Milch vom Bauernhof ist die wichtigste Zutat. Gekocht bei einer Temperatur von 150 Grad Fahrenheit, wird sie in den Becher gegossen, um ihn fast bis zum Rand zu füllen. Und nun, obendrauf, aufgeschäumte Milch. Aber nicht mehr als ein Viertelzoll ist nötig, um den delikaten ersten Eindruck zu schaffen, den der wundervolle Starbucks-Caffè latte in meinem Mund hinterlassen wird.

»Danke, Caity, erzähl doch die Geschichte von der Tochter des Präsidenten, die in deinen Starbucks-Coffee-Shop gekommen ist.«

Erzähl sie, bevor Emory und David zur Tür hereinkommen, du ihnen ihre frisch gebügelten Starbucks-Coffee-Shop-Kittel gibst und ihr drei gemeinsam in euren frischen beige-braunen Kitteln den ganzen Tag Menschen in Georgetown mit den wunderbaren Starbucks-Getränken versorgen werdet.

Du hast sie vorher schon gekannt, die Tochter des Präsidenten, stimmt's? Du hast nämlich als Wahlkampfhelferin für Präsident Clinton gearbeitet. Du hast ihm geholfen, unser aller Präsident zu werden. Und als er gewählt war, durftest du selbst ins Weiße Haus kommen und Führungen machen für die vielen, die sehen wollten, wie die Präsidentenfamilie lebt. Da hast du Chelsea Clinton zum ersten Mal gesehen.

Und dann steht sie plötzlich wieder vor dir, Chelsea, die du inzwischen nur noch aus den Illustrierten kennst, und will einen Starbucks-Haselnusskaffee. Du bist aufgeregt. Du gibst dir die größte Mühe, den Starbucks-Haselnusskaffee richtig zuzubereiten. Denn nur richtig zubereitet, entfaltet er sein ganzes Aroma. Natürlich gelingt dir der Kaffee. Du stellst der Tochter des Präsidenten den Becher auf den gläsernen Tresen, auf den blitzblanken gläsernen Tresen. Du selbst bist ja dafür verantwortlich, dass der Tresen immer blitzblank ist. In jedem Starbucks-Coffee-Shop liegen fertig gedruckte Briefchen, adressiert an die Zentrale von Starbucks. In denen muss man nur ankreuzen, ob man mit der Bedienung zufrieden war. In allen 1200 Starbucks-Coffee-Shops auf der ganzen Welt liegen diese vorgedruckten Briefe. Du trägst morgens die Nummer deines Shops ein und legst sie für die Kunden gut sichtbar auf die Tischchen. Man füllt sie einfach aus, klebt sie zu und schickt sie ohne Porto an die Starbucks-Zentrale. Für 1200 Coffee-Shops auf der ganzen Welt zahlt Starbucks das Porto. Das ist es, was eine Firma wirklich großzügig macht. Und die gläsernen Theken blank. Darauf steht nun der Haselnusskaffee für die Tochter des Präsidenten. Und die sucht in ihren Taschen und findet kein Geld!

Und du, Caity, greifst ganz selbstverständlich in deine Geldbörse und kaufst der Tochter des Präsidenten einen Haselnusskaffee! Jawohl, das tust du! Weil du weißt, was sich gehört. Weil du das College besucht hast und die Universität. Weil du ein tüchtiges Mädchen bist, das einen Coffee-Shop leitet und sich nicht fürchtet, allein in Washington zu leben.

Denn ohne Angst gehst du vor Tagesanbruch jeden Morgen joggen. Ohne Angst, belästigt oder überfallen zu werden. Sodass es eigentlich gar nicht nötig war, dass deine Großmutter dir einen blauen Ford geschenkt hat, damit dein Weg zur Arbeit sicherer ist. Du fürchtest dich nicht, Caity. So bist du, Caity, mutig und blond und zierlich. Du weißt, was du willst und was du Starbucks schuldig bist. Und jetzt gehe ich, denn dies war nur eine kurze Pause, bevor ich den Schrubber über den Fußboden der Alten Post ziehe, der so groß ist wie das Rote Meer, bevor der Herr es für das Volk Israels geteilt hat.

»Hallo, Emory, hallo, David. Schön, dass ihr kommt, um der kleinen Caity zu helfen. Was macht die Musik, Emory? Hast du geübt? Macht's gut, ihr drei, bis morgen.«

Würde mir gut gefallen, Red Bull bei Caity arbeiten zu sehen. Was für ein schöner Stadtteil, dieses Georgetown. So viele hübsche junge Studenten. Wenn er sich nur ein wenig anstrengen wollte, mein kleiner Sohn. Alle sagen zu seiner Mutter, dass er nicht dumm ist. Er ist erst dreizehn. Er kann's doch noch schaffen.

Achtzehn ist David, der andere junge Mann bei

Caity. Deshalb nennen sie ihn »Baby«, obwohl er doch der längste ist von den dreien. Er hat's nicht leicht gehabt. Und hat trotzdem die wunderbare Arbeit in dem schönen Starbucks bekommen.

Einmal hat er mir erzählt – da hab ich ihn ein Stück im Auto mitgenommen, weil er für Caity zur Bank gehen sollte –, dass sein Leben bisher nur ein einziger Kampf war. Gleich am Anfang schon hat er gegen den Tod gekämpft. Zu früh geboren, der Kleine. Seine Eltern ließen sich scheiden, da war er vier. Er litt unter Asthma und musste Zahnspangen tragen. Zur Schule zu gehen, war für ihn ein Kampf. Er hasste seine Schule. Er hielt keine Ordnung und passte nicht auf.

Aber jetzt hat er sich doch gefangen.

Weil er eben immer gekämpft hat. Weil er nie aufgegeben hat, unser Baby David. Oh, jetzt nenn ich ihn auch schon »Baby«. Das kommt, weil er so unglaublich charmant ist. Alle lieben ihn. Und er liebt alle.

»Möchten Sie, dass ich Ihre Tasche trage, Miss Mom?«, sagt er zu mir, als wir zum Auto gehen. »Möchten Sie, dass ich Ihre Tasche trage, Miss Mom?«

Das hat schon lange keiner mehr zu mir gesagt. Auch nicht der alte Mann, der da sitzt, wenn ich nach Hause komme, und wenigstens ein freundliches Gesicht macht. Wenn ihm nicht gerade wieder das verflixte Eichhörnchen das Essen weggefressen oder er seine Schüssel umgestoßen hat. Da komm ich dann nach Hause und such die Scherben auf der Veranda zusammen und trage sie in die Küche. Seh ich natürlich gleich, dass hier für zwei gegessen wurde. Ich weiß schon, was Paps mir sagen wird:

»Lass ihn doch, was soll er denn tun? Wenn er mit diesem Jungen unterwegs ist, macht er nicht mit anderen zusammen die Straßen unsicher. Du weißt, was für Gangs hier in den Straßen herumlungern, sich gegenseitig die Köpfe einschlagen und noch schlimmere Sachen machen. Sind schon genug Tote hier. Freu dich doch, dass dein Sohn da nicht mitmacht.«

Was das wohl für eine Freude sein soll. Gut, er macht nicht mit in den Killergangs, aber er schleppt mir dafür einen Vielfraß ins Haus. Diesen weißen Dreck, den seine Mutter nicht satt kriegt, weil sie herumhurt. Geld für Schnaps haben die immer im Haus, da möchte ich meinen Hintern drauf wetten.

»Beruhige dich, Tochter«, sagt der alte Mann, »und mach uns einen Kaffee. Gibt's vielleicht Haselnusskaffee, ausnahmsweise?«

Natürlich hab ich noch Haselnusskaffee im Haus. Und dann sitzen wir beide auf der Veranda. Wenn die Polizeisirenen nicht so laut heulten, würde das jetzt ein ruhiger Abend werden. Die Grillen haben längst aufgehört mit ihrem Gekreisch und ich erzähl ihm Geschichten von Caity und David und noch einmal von

Emory. Von dem will er immer wieder hören. Und endlich werden auch die Polizeieinsätze weniger, jedenfalls an manchen Abenden, und wir sitzen da und schweigen, und ich seh auf die Straße, auf die Schatten unter den Bäumen, in denen Charly schon lange verschwunden ist, auf die Straße, die immer dunkler wird und endlich ganz dunkel.

Aber Red Bull kommt nicht und irgendwann bringe ich den alten Mann in sein Schlafzimmer und gehe selber schlafen. Und schlaf schnell ein, obwohl ich mir vorgenommen hab zu warten, denn der Tag war lang und die Arbeit ist nicht leicht und fürs Wachbleiben gibt mir keiner was.

SAM Ich hab gewusst, dass sie warten wollte, bis ihr Sohn nach Hause kommt. Sie kann aber nicht warten, wenn sie im Bett liegt. Wenn sie liegt, schläft sie ein. Eine halbe Stunde lang hört man ihren Atem durchs Haus dröhnen. Dann wird sie ruhiger, das Schnarchen wird leiser, irgendwann schläft sie still.

Das wäre die Zeit, wo man selber einschlafen könnte. Manchmal mach ich das auch. Jetzt nicht. Ich dachte, ich sollte ihr am Morgen sagen können, dass alles in Ordnung ist. Dass ihr Sohn spät gekommen ist, aber fröhlich geträllert hat. Auch wenn's nicht so war. Aber gekommen ist er.

Wie wohl dieser Emory nach Hause kommt, von dem Mom erzählt? Wenn ich nicht schlafen kann, stelle ich mir vor, Red Bull wäre wie Emory. Mom hätte ihm ein Saxophon gekauft, als er dreizehn war. Dann sitzt er neben mir auf der Veranda und übt. Den ganzen Nachmittag übt er, wenn er von der Schule nach Hause gekommen ist. Wenn er eine Pause macht, reden wir darüber, dass er Musik studieren wird. Am besten auf der Howard-Universität, so wie der richtige Emory. Und wenn der kleine Sohn neben mir auf der Veranda dann sagt:

»Aber Howard-Universität kostet Geld«, dann sage ich:

»Na und? Geld kann man verdienen.«

Er wird es so machen wie der richtige Emory: Tagsüber arbeitet er in der Cafeteria im Hospital Center, an den Wochenenden arbeitet er abends bei Starbucks. So erzählt Mom jedenfalls, und sie hat keinen Grund, mir über Emory was vorzumachen. Dabei ist er so schwarz wie man nur sein kann. Aber er hat sich nun mal in den Kopf gesetzt, Berufsmusiker zu werden.

Ich weiß nicht, was sich Red Bull in den Kopf gesetzt hat. Ich weiß ja nicht einmal, was er und der kleine Weiße heute Nachmittag bei uns unter der Veranda gemacht haben. Ich hab nämlich sehr wohl gehört, dass sie da rumgekrochen sind, obwohl ich es nicht hören sollte. Wäre es besser gewesen, wenn ich nichts gehört hätte? Irgendetwas werden sie gesucht haben. Ich kann nicht nachsehen.

»Blind wie ein Maulwurf«, sagt Mom, wenn sie Besuch hat und mich vorzeigt. »Blind wie ein Maulwurf, kann aber gut reden.«

Und dann lachen sie ein bisschen, aber freundlich. Und ich versuche, an den Stimmen zu erkennen, ob da jemand gekommen ist, mit dem Mom sich einlassen sollte oder besser nicht. Sie hat aber nur selten Besuch und bisher waren die Stimmen in Ordnung.

Nicht dass sie auf das hören würde, was ich sage. Nur einmal hat sie auf mich gehört. Ich erinnere mich gut, auch wenn's schon lange her ist.

Zwei Jahre waren vergangen, nachdem die Freiheitsfahrer in Birmingham aufgegeben hatten, weil sie am Leben bleiben wollten. Aber ruhig war es nicht geworden in den Südstaaten. Mehr als tausend schwarze und weiße Freiheitsfahrer sind nach ihnen mit anderen Bussen durch andere Städte gefahren. Zu hunderten saßen sie in den Gefängnissen.

Gefängnisse? Folterkammern! Ohne Wasser unter glühenden Metalldächern, angekettet, gefesselt mit Ketten, an denen schwere Eisenkugeln hingen, damit sie nicht fliehen konnten. Fliehen! Aus Gefängnissen mit elektrisch geladenen Zäunen, abgerichteten Hunden, schießwütigen Bewachern. Trotzdem wird manch einer darüber nachgedacht haben, ob er hinter den Gefängnismauern, hinter den elektrischen Zäunen nicht besser aufgehoben war als draußen. Wurde nicht damals in Mississippi ein schwarzer Schüler ermordet, der bei der Vorbereitung einer Wahlkampagne mitgemacht hat?

Viele hatten Angst. Aber einige waren auch mutig. Gibt es denn Mut ohne Angst?

Jeden Tag sind wir, Mom und ich, unter denen gewesen, die zum Stadtparlament von Birmingham gezogen sind. Seit Monaten hatte ich keine Arbeit mehr.

»Nigger-Demonstrierer fliegen raus«, hat der Tankstellenbesitzer gesagt, als er mich zufällig vor dem Parlament gesehen hat. Sollte ich die kleine Mom allein zu Hause lassen? Manchmal steckten sie Häuser an, wenn die Menschen nicht da waren. Manchmal war es ihnen egal, ob noch jemand drin war. Also ging ich mit dem kleinen Mädchen, zehn Jahre alt war sie, an der Hand. Wir gingen am Rand des Demonstrationszugs. Mit Kindern geht man am Rand, damit sie nicht zertreten werden, wenn prügelnde Polizisten den Zug in Panik versetzen. Vom Rand weg kann man ein Kind schneller in Sicherheit bringen.

Aber diesmal gab es keine Panik. Wir standen vor dem Parlamentsgebäude und hörten auf die Stimme von Martin Luther King. Wieder einmal sprach er zu uns.

Ein weißer Freiheitsfahrer war ermordet worden.

Wir hatten nichts davon gewusst. Ein wilder Schrecken breitete sich aus in meinem Kopf und in meinem Körper. Durch den Schrecken hörte ich, dass Martin Luther King nun die Kinder aufrief zu demonstrieren.

»Die Kinder werden demonstrieren und wir werden sehen, ob die weiße Polizei auch gegen Kinder vorgeht.«

Um mich herum hörte ich die Menschen Beifall klatschen. Ich sagte zu dem Mädchen an meiner Hand: »Du gehst nicht.« Ich wusste nicht, ob sie es gehört hatte. Es war laut um uns herum, auch kamen die Sirenen der Polizeiautos jetzt näher. Die Menge wurde unruhig. Ich hörte, dass der Treffpunkt für die Kinderdemonstration bekannt gegeben wurde. Ich sagte noch einmal: »Du gehst nicht.«

Und dann rannten wir zur Seite, erreichten eine schmale Straße, niemand stellte sich uns in den Weg. Für diesmal waren wir davongekommen.

Mehr als tausend schwarze Kinder kamen am nächsten Tag zusammen, um für das Wahlrecht zu demonstrieren. Meine kleine Tochter war nicht dabei. Auch zu den folgenden Protesten ließ ich sie nicht auf die Straße.

So wurde sie nicht von Wasserwerfern gegen die Häuserwände geschleudert; sie wurde nicht die Straße hinuntergeschwemmt, nicht in den Dreck gedrückt, nicht geschlagen, an den Haaren gerissen, eingesperrt.

Noch niemals hatte die Polizei sich so brutal gebärdet. Tausenddreihundert Kinder sperrten sie ein, bis endlich der Stadtrat bekannt gab: Die Forderungen der Freiheitsfahrer werden erfüllt.

Ich hatte kein schlechtes Gewissen, dass ich meine Tochter zurückgehalten habe. Damals, jetzt fällt es mir wieder ein, habe ich zum ersten Mal darüber nachgedacht, dass wir weggehen sollten aus dem Süden. Auch wenn das Grab der Frau zurückbleibt, dachte ich. Sie würde nicht wollen, dass ihrem kleinen Mädchen der Schädel eingeschlagen wird.

Nein, denke ich nun, während ich im Bett liege und mit einem Ohr lausche, ob der verflixte Bengel endlich nach Hause kommt, nein, da habe ich noch nicht daran gedacht, aus dem Süden wegzugehen. Erst ein paar Stunden später. Vormittags wurde die Entscheidung vom Stadtrat bekannt gemacht. Die Bilder von Polizeihunden, die Kinder hetzen, haben vielleicht zu guter Letzt doch noch genug Abscheu hervorgerufen. Vorsichtig verbreitete sich Freude unter uns. Es gab Pläne, sich zu treffen und zu feiern.

Aber dann wurde es dunkel und niemand traute sich auf die Straße. Denn in dieser Nacht gehörte die Straße dem Ku-Klux-Klan.

Einmal, als Junge, habe ich gesehen, wie einer von uns verbrannt wurde. Das war so schrecklich, dass ich mich bis heute nicht daran erinnern kann, wie ich auf den Baum gekommen bin, der bei dem brennenden Scheiterhaufen stand.

Sie haben Holz aufgeschichtet. Der schwarze Mann war an Händen und Füßen gefesselt. Die weißen Männer trugen ihn heran und warfen ihn in das brennende Holz. Es waren keine Kapuzenmänner. Die meisten von ihnen kannte ich. Sie standen um das Feuer herum und lachten. Und ich wusste, sie würden mich dazuwerfen, wenn sie mich entdeckten.

Nicht mal jetzt, als alter Mann im Bett, will ich daran denken. Deshalb vergaß ich, dass ich auf dem Baum gesessen und ihnen zugesehen hatte. Es fiel mir erst wieder ein, als ich an diesem Abend den Ku-Klux-Klan durch die Stadt marschieren sah. Das heißt, es ist nicht richtig zu sagen, dass es mir wieder einfiel, nein: Ich saß wieder auf dem Baum, unter mir brannte der Scheiterhaufen, es stank nach verbranntem Fleisch und Bier, ich hörte das Lachen der Männer und der Jungen um den Scheiterhaufen unter mir. Ich fühlte meine Hände, die sich um die Äste krallten. Ich wusste, ich würde da sitzen bleiben müssen, ohne mich zu bewegen, ohne einen Laut von mir zu geben, bis der Letzte da unten gegangen wäre, bis er genug hätte von dem stinkenden Fleisch, genug Bier getrunken, um in den immer noch brennenden Haufen zu pissen und nach Hause zu torkeln.

Das alles war wieder da, als die Männer in den weißen Kapuzen, in weißen Umhängen, schweigend, beleuchtet von flackernden Fackeln, an unserem Haus vorbeimarschierten. Es waren viele. Irgendwann im Lauf der Nacht warfen sie Bomben vor Martin Luther Kings Haus.

Erst da hab ich darüber nachgedacht, dass wir weggehen sollten.

Jetzt hör ich ihn kommen. Wenigstens kommst du nachts noch nach Hause, Red Bull. Möchte wissen, was du mit deinem Freund John am Nachmittag unter der Veranda gesucht hast. Du wirst mir nicht ausreden, dass ich Angst um dich hab. Wo ich alter Mann in meinem Leben doch schon genug Angst gehabt hab. Es wird ein Unglück passieren. Wenn du mir zuhören würdest, Red Bull. Wenn du mir nur zuhören würdest.

MOM Immer kommt der Junge spät. Und immer wenn ich aufwache, weiß ich, er liegt in seinem Zimmer und schläft. Ich müsste gar nicht nachsehen, aber ich tu's trotzdem. Liegt da mein Baby im Bett und schläft. Ich kann nicht übersehen, dass mein Baby erst dreizehn ist, so ein schönes schwarzes Baby. Ich geh in die Küche, um für Paps und mich das Frühstück zu machen. Ich trink ja nur Kaffee am Morgen. In seinem Zimmer höre ich Paps rumoren. Ein Frühaufsteher, der alte Paps, wär mir schon recht, wenn er noch schliefe, morgens, wenn ich aus dem Haus muss.

Also helf ich ihm beim Anziehen, schieb ihn auf die Veranda und trink meinen Kaffee mit ihm. Manchmal kommt Charly vorbei. Dann sag ich dem alten Mann: »Pass auf, Charly will dein Frühstück«, und wir lachen, weil er doch Charly gar nicht sehen kann. Das Eichhörnchen könnte ihm glatt die Cornflakes aus der Milch holen, ohne dass er es merkt. Aber Charly traut sich nicht dichter heran. Er kommt nur, wenn Paps schläft.

Es gefällt mir nicht, dass der alte Mann in letzter Zeit so viel von Angst redet. Ich glaub nicht, dass er Angst haben muss. Aber wenn ich ihm das sage, sagt er zu mir: »Mom, du bist dumm.«

Das hat er schon früher gesagt, als ich noch an seiner Hand herumspaziert bin, frisch nach Washington gekommen. Damals war ich wirklich dumm. So 'n Mädchen aus den Südstaaten, das noch nie das Haus vom Präsidenten gesehen hatte. Heute arbeite ich bei Starbucks.

»Glaubst du«, frage ich den alten Mann, der neben mir im Schaukelstuhl sitzt und seinen Kaffee schlürft, »glaubst du etwa, dass sie bei Starbucks dumme Leute einstellen? Hab ich dir nicht von Emory erzählt? Der Musik studieren wird? Konntest doch nicht genug kriegen von den Geschichten über Emory.«

»Aber Caity«, sagt er dann, »die ist bestimmt dumm. Emory meinetwegen, obwohl man ja auch bei dem noch nicht weiß, ob er durchhalten wird. Hat sich vielleicht zu viel vorgenommen für einen Schwarzen, der musikalisch sein mag, aber dessen Eltern geschieden sind und der kein Geld hat.«

»Emory wird es schaffen und Caity ist nicht dumm«, antworte ich dann wohl und schaue auf die Uhr. So dumm bin ich nun wieder nicht, dass ich nicht weiß, weshalb der alte Mann von Caity angefangen hat. Ich begreif schon, dass ich noch ein bisschen mit ihm reden soll, bevor ich losfahre. »Fünf Minuten«, sage ich, »grad so viel Zeit, um dir zum hundertsten Mal zu erklären, dass Caity die tüchtigste Person ist, die du dir vorstellen kannst. Oder glaubst du, die Starbucks-Chefs haben ihr den Job aus Versehen gegeben? Und den Schlüssel für den Tresor dazu?«

»Was für ein Schlüssel? Was für ein Tresor?«, fragt der alte Mann, obwohl ich sicher bin, dass ich ihm davon schon viele Male erzählt habe. Aber ein paar Minuten Zeit hab ich noch. Es ist nämlich wirklich so, dass Starbucks die kleine blonde Caity zur Chefin im Georgetown-Coffee-Shop gemacht hat. Würden sie dafür wohl eine Dumme nehmen? Den Schlüssel hat sie natürlich auch, denn nachts bleiben die Einnahmen im Safe. Deshalb nehm ich doch manchmal den kleinen David mit, der nicht klein ist, sondern einsneunzig, aber der Jüngste. Er bringt dann morgens das Geld zur Bank. Und ich beschreibe dem alten Mann, wie die kleine blonde Caity vor dem langen David steht und sagt: »Hier ist das Geld. Bring es auf dem direkten Weg zur Bank.«

Und ich sage, wenn ich gerade fertig bin: »Ich könnte den Geldboten im Auto mitnehmen, Miss Caity.«

Und sie sagt: »Danke, Miss Mom, das ist sehr freundlich von Ihnen. Dann trödelt er wenigstens nicht herum.«

»Gut«, sagt der alte Mann neben mir, »man lässt sie die Kombination vom Safe wissen, da wird sie nicht ganz dumm sein, aber ...«

»Aber«, sage ich, »jetzt ist Schluss. Starbucks wartet und wir können nicht ihren Haselnusskaffee trinken und die Shops inzwischen verdrecken lassen. Heute Abend mehr, wenn ich nicht zu müde bin. Und wenn der Faulpelz aufsteht, dann sag ihm, dass seine Mom unterwegs ist, um die Miete zu verdienen, und er soll wenigstens die stinkenden Turnschuhe auf der Veranda ausziehen und da stehen lassen, bevor er ins Bett geht. In seinem Zimmer riecht es wie in einem Raubtierkäfig. Und dass er mir den weißen Dreck nicht in die Küche schleppt. Sag ihm das.«

RED BULL Ich wache auf, wenn ich ihr Auto wegfahren höre. Mann, würde ich gern noch schlafen. Geht aber nicht, weil mir sofort John einfällt und sein Problem. Wem würde das nicht einfallen, wenn er den ganzen Tag und die halbe Nacht mit diesem Trauerkloß zusammen gewesen wäre. Wir haben nicht die leiseste Idee, wie man ihm aus dieser blöden Sache raushelfen kann.

Das sollte der alte Mann da vorn in seinem Schaukelstuhl sich mal überlegen. Sitzt da und hat den ganzen Tag Zeit zum Nachdenken, während ich dem hohläugigen John dauernd erklären muss, dass wir schon einen Ausweg finden werden.

»Aber welchen?«, fragt er dann. Und sieht mich dabei an, als stünden die Killer schon vor ihm.

Aber welchen? Gute Frage. Schließlich denke ich, es bringt nichts, wenn einer vor lauter Angst sein Gehirn nicht mehr in Gang kriegt. Denn so weit ist es inzwischen mit ihm gekommen. Deshalb schlag ich vor, dass wir zum Folkfestival gehen.

»Kann man wissen, ob da nicht offene Kassen rumstehen? Vielleicht helfen wir beim Getränkeverkauf und verschwinden anschließend mit der Kasse?«

Die Aussicht auf volle Getränkekassen muntert John für eine Weile auf. Wobei ich ihm leider vorher noch sagen muss, dass der Mensch auf diesem Festival ordentlich angezogen erscheinen muss, sonst hat er bestimmt überhaupt keine Chance, einen Job zu kriegen.

Ich glaube eigentlich sowieso nicht, dass sie dort einen Job für uns haben. Aber alles ist besser, als sich von Johns Angst anstecken zu lassen. Und ein sauberes T-Shirt habe ich noch im Schrank. Warum seine Mutter ihm die Sachen nicht in Ordnung hält, obwohl sie den ganzen Tag zu Hause ist und die Welfare-Queen spielt, während meine Alte sich nicht genug tun kann mit Arbeiten und T-Shirts-Waschen, das werde ich nie begreifen.

Unterwegs fragt John, wo wir eigentlich hingehen. Hatte ich ihm schon gesagt, meine ich, aber in seinem Zustand geht ihm wohl ziemlich viel am Ohr vorbei. Als ich's ihm noch mal erkläre, fragt er natürlich prompt:

»Folkfestival? Was soll denn das sein?«

Ehrlich gesagt, so genau weiß ich das auch nicht. Nur dass der alte Mann im Schaukelstuhl neulich Besuch hatte. Zwei Edelnigger, die Sorte, die es in North East nicht gibt, mit gebügelten Jeans und Jackett und ohne Armband, und eine Weiße im Flatterkleid, in dem jede schwarze Schwester besser aussehen würde, sogar die von den Laredo-Brüdern, die nur ein Auge hat, weil ihr großer Bruder auf das andere ein bisschen zu fest draufgeschlagen hat, als sie klein war und dauernd nur rumplärrte.

Jedenfalls, vor ein paar Tagen kamen die drei vorgefahren. Ich stand grade unter der Dusche, ist wohl Mittag gewesen und so heiß, dass man nicht mehr schlafen kann. Solche Leute sieht man nicht oft bei uns. Sie sahen nicht aus wie Pigs und auch nicht wie Sozialarbeiter. Als sie auf die Veranda kamen, stellte ich die Dusche ab. Sicher ist sicher, die mussten ja nicht unbedingt wissen, dass noch jemand im Haus war. Und außerdem verstand man unter der Dusche kein Wort von dem, was auf der Veranda gesprochen wurde.

War auch nicht so wichtig. Irgendwie hatten die erfahren, dass der alte Mann mal eine Frau gekannt hat, die Rosa Parks hieß. Die und noch ein paar andere sollten sich treffen, um wegen dem Festival irgendwas zu machen.

»Zu dem Festival kommen viele hin, die suchen ihre Wurzeln«, hat die Weiße gesagt, glaube ich. Und der alte Mann sollte auch dazukommen. Das muss man sich mal vorstellen: ein blinder alter Mann auf einem Festival, der Wurzeln sucht. Sieht doch nichts, oder? Hat er dann auch gesagt. Aber sie wollten, dass er redet. Das hat mich nun wieder nicht gewundert. Reden kann er ja, egal ob es jemand hören will oder nicht. Gewundert hat mich aber, dass er gesagt hat, er geht nicht hin. Da hätte er nun die Gelegenheit gehabt, seine Kunst zu zeigen, aber er sagt nur: »Sowieso ist der Zug abgefahren.«

Und wo seine Wurzeln sind, weiß er schon. Er ist nämlich Amerikaner und zu den Tänzern und Gospelsängern hat er noch nie gehört. Das stimmt, ich hab ihn bisher weder singen noch tanzen gesehn.

Die drei Festivalbetreuer – denn das waren die, und deshalb waren sie auch in North East noch nie gesichtet worden, denn hier gibt's kein Festival – sind wieder abgezogen. Sie haben einen Zettel dagelassen für den blinden Mann. Haben wohl gedacht, irgendjemand wird kommen und ihm das vorlesen und er wird es sich anders überlegen. Auf dem Zettel stand, dass ihr Festival auf der Mall stattfindet, was alles geboten wird und wann es losgeht. Ich hatte sowieso vor, John zu überreden, mit mir hinzugehen.

Es sind auch Weiße im Programm, Jäger und Fischer aus dem Mississippi-Delta, die den Leuten in Washington zeigen wollen, wie sie jagen und fischen. Das finde ich interessant, wie die auf der Mall jagen und fischen wollen.

Jemand hat gesagt, in Afrika, da, wo wir Schwarzen herkommen, wär's furchtbar heiß, deshalb könnten wir die Hitze in Washington besser vertragen als die Weißen. Für John und mich stimmt das jedenfalls nicht. Bei uns ist es genau umgekehrt.

Von North East braucht man eine Stunde zu Fuß zur Mall. John geht nicht gern zu Fuß, aber heute hat er nichts dagegen. Will wahrscheinlich bloß weg aus unserem Viertel, wo ihm nichts einfällt vor Angst. Ich schwitze neben ihm, aber er klappert beinahe mit den Zähnen.

Auf der Mall kann man es vor Hitze eigentlich überhaupt nicht aushalten. Wir versuchen, uns an der Seite unter die Bäume zu verdrücken. Ziemlich schnell finden wir da die Stände der Fischer und Jäger. Beschiss, natürlich, wie ich mir schon gedacht habe. Hängen einfach ihre Angeln und Blinker an die Wand und Fotos von dicken Fischen, auch ein paar Gewehre, an die man aber nicht rankommt, um sie sich genauer anzusehen.

John hat nur Augen für Leute, die an Kassen hantieren. An den Imbissständen, an den Eisständen, an den Getränkeständen. Eine steht auch bei den Anglern. Sie verkaufen ihre Blinker, wahrscheinlich mit Garantie, dass du damit einen dicken Fisch fängst. Aber an ihre Kasse kommt man nicht ran. Und selbst wenn es einfach wäre, das Ding mitzunehmen: Ich hätte John abgeraten.

»Sieh dir mal diese Fischer und Jäger genau an«, sage ich.

Wir liegen unter einem Baum im Gras und lutschen an zerhackten Melonenscheiben, die an dem Stand neben uns übrig geblieben sind.

»Wieso?«, fragt John.

Er ist manchmal ein bisschen schwer von Begriff,

besonders wenn's um Weiße geht. Aber ich hab solche Gesichter schon gesehen, glücklicherweise nur auf Fotos. Ihr Alter kann man schlecht schätzen, zwischen fünfzig und achtzig, die Haare blond oder grau und kurz, wie beim Militär, zusammengekniffene Lippen, sehen alle aus, als hätten sie keine Zähne, und oben auf der ganzen Pracht irgendeine bescheuerte Kappe, am liebsten aus Stroh. Von den Augen will ich nicht reden: klein, blau, böse.

»Möchte wirklich wissen, weshalb die alle so aussehen, als ob sie keine Lippen und keine Zähne hätten. Ist vielleicht der Grund dafür, dass sie sich im Dunkeln weiße Kapuzen überziehen und Nigger verbrennen. Weil sie selber so hässlich sind.«

»Du spinnst«, antwortet John. Aber ich sehe ihm an, dass er die Fischer und Jäger jetzt mit anderen Augen betrachtet.

»Lass uns woandershin gehen«, sagt er.

Wir gehen unseren Ohren nach. Quer über die Mall, die Hitze ist ohne Schatten, trotten wir in ein rundes weißes Zelt. Da spielt sich nun der allerletzte Quatsch ab.

Wir kommen gerade rein, als es losgeht. Schwarze Frauen aus Afrika, die angezogen sind, als wären sie Nonnen, blaue Kittel und Hauben mit Weiß dran, stampfen im Kreis herum und singen »Maria, Maria«.

Eigentlich singen sie nicht, sie schreien. Kreischende, stampfende Nonnen. Ich denk, ich trau meinen Augen nicht. Lacht hier keiner? Ich seh mich um, aber auf den Tribünen im Zelt sitzen lauter ernste Leute, Schwarze, die glotzen, als würde da vorn gleich ein Wunder passieren und der liebe Gott persönlich im Kreis rumspringen. Na, jedenfalls, ich find den Zirkus langweilig. Deswegen sind die aber anscheinend aus Afrika extra hierher gekommen. Das muss man sich mal vorstellen: alle diese dicken Nonnen im Flugzeug hierher, und John und ich gehen zu Fuß von North East zur Mall, weil es bei uns nicht mal 'ne Metrostation gibt. Und wenn es eine gäbe, hätten wir kein Fahrgeld gehabt.

Ich seh John an und trau noch mal meinen Augen nicht. Der Kerl ist ganz weg von dem Geschrei und Gehüpfe. Na gut, denke ich, das wird ihn ablenken. Soll er noch 'ne Weile zusehen. Was tut man nicht alles für einen Freund. Aber weil ich keine Lust habe hinzuhören, fange ich wieder an, darüber nachzudenken, was wir tun sollen, um John davor zu retten, dass ihm einer in zwei Tagen die Gurgel durchschneidet. Meine Gedanken sind wie Hamster im Laufrad. Es fällt mir nichts ein, wo wir die zweihundert Dollar hernehmen sollen.

Die Nonnen sind fertig, sind ordentlich in Schweiß geraten, die Schwestern. Im Zelt sind bestimmt vierzig

Grad, aber wenigstens brennt einem die Sonne nicht auf den Schädel. Die Tanzerei wär was für Mom gewesen. Die geht jeden Sonntag in die Kirche. *After a week like yours, you need a church like ours.*

Da mögen sie Recht haben. Jedenfalls für den Fall, dass sie ihr mitteilen, wo sie einen besseren Job herkriegt. Einen, bei dem sie die Haut an den Fingern behalten kann. Scheint aber, als hätten sie sich dazu noch nicht geäußert. Der alte Mann geht nicht in die Kirche.

Da wo gerade noch die Nonnen im Kreis herumgestampft sind, steht jetzt ein jüdischer Chor. »Aus Israel«, sagt der Sprecher, bevor sie loslegen. Ziemlich grelle Stimmen, die Jungs.

»Komm«, sagt John neben mir.

Er sieht noch immer erleuchtet aus. Vielleicht will er sich seine Erleuchtung von den Israelis nicht kaputtsingen lassen. Ihre Stimmen würden dafür reichen.

Wieder gehen wir unseren Ohren nach, aber diesmal ist es der Blues, der uns anlockt. Falls wir das Zelt noch erreichen, bevor wir in der Sonne verdampfen. Hier draußen gibt's wieder keinen Schatten. Durst hab ich.

Blues aus dem Mississippi-Delta steht an der Zeltwand. Das Zelt ist so voll, dass wir nur mit einem Trick reinkommen. Rechts neben der Bühne haben sie eine Fotoausstellung aufgebaut. Ich seh mir die Fotos an, davor ist wenigstens so viel Platz, dass man Luft holen kann. Auf den Fotos siehst du, dass der Blues schwarz ist. Weiß man doch. Auf der Bühne spielen Weiße. Sind aber nicht schlecht, die Jungs. Als John neben mir auftaucht, seh ich seinem Gesicht an, dass was passiert ist. »Lass uns abhauen«, sagt er, verschwindet hinter den Fototafeln und fängt an, auf dem Boden rumzuwühlen.

Ich glaub, er will unter der Zeltwand durch.

Ich hab mal 'ne Katze gesehen, die 'ne Maus gefangen hatte. Wie sie das eben so machen: ein bisschen reinbeißen, ein bisschen laufen lassen, ein bisschen reinbeißen, ein bisschen laufen lassen. Die Maus war schon halb tot und ganz verrückt vor Angst. Die fing einfach an, ein Loch zu buddeln, wo doch schon jeder sehen konnte, dass sie überhaupt keine Chance mehr hatte. Und Kraft auch nicht. Kratzte einfach auf dem Boden rum. Und die Katze saß da und sah zu, bis sie wieder Lust hatte zum Reinbeißen. Das fällt mir ein, wie ich John da am Boden rumwühlen sehe. Ich helfe, die Zeltwand hochzuheben. Durch den Spalt verschwinden wir nach draußen. Ich weiß schon so ungefähr, was er sagen wird, aber wie ich sein Gesicht sehe, als er es sagt, wird mir selbst komisch.

»Der Typ war drin«, sagt John, »er und der andere, der vom ersten Mal. Erst hat er mich angesehen. Dann hat er gegrinst. Ich hab ...«

Ich glaub, ich hör nicht richtig. Johns Zähne klappern, obwohl es so heiß ist wie im Backofen. »Ich hab's drinnen nicht mehr ausgehalten«, sagt er. »Scheiß auf den Blues. Ich brauch zweihundert Dollar, Mann. Sonst bin ich tot.«

SAM Hat schon jemals jemand darüber nachgedacht, wie sich ein alter, blinder Schwarzer auf der Veranda fühlt, der weiß, dass es ein Unglück geben wird, und es nicht verhindern kann? Besser, ich fange an, darüber nachzudenken, ob ich wirklich nichts anderes tun kann, als hier herumzujammern.

Also, denk nach, alter Sam. Zuerst: Woher willst du das mit dem Unglück überhaupt wissen? Du hast eine tüchtige, dumme Tochter. Tüchtig ist sie, weil sie dich und ihren nichtsnutzigen Sohn und sich selbst ernährt mit ihrer Hände Arbeit. So, wie sich das für eine Frau gehört, die einen Sohn hat und einen blinden Vater, von dem sie hätte eine Menge lernen können. Dumm ist sie, weil sie noch immer jeden Unsinn glaubt, den man ihr einredet, das Zeug vom weißen Dreck und den ganzen Starbucks-Quatsch. Kann von der tüchtigen, dummen Mom ein Unglück kommen? Ich glaub's nicht.

Sie könnte ihren Job verlieren. Aber ich weiß, dass es das nicht ist. Solche Frauen wie Mom finden schnell wieder Arbeit. Und wenn sie etwas weniger Geld mit nach Hause bringen würde, müsste Charly sich eben woanders bedienen. Ich brauche nicht mehr viel. Und für den Jungen würde es schon noch reichen.

Du weißt, dass es der Junge ist, Sam, der dir Sorgen macht. Nicht eigentlich Sorgen, eher Angst oder Unruhe. Was zum Beispiel haben die beiden Bengels gestern Nachmittag hinter dem Haus unter der Veranda gemacht? Mom kann ich nicht bitten, dort nachzusehen. Morgens hat sie keine Zeit und abends im Dunkeln, wenn sie nach Hause kommt, traut sie sich für kein Geld in das Loch unter der Veranda.

Ich könnte die Nachbarn bitten nachzusehen. Sie sind oft weg und sie bleiben sehr für sich.

»Schwule«, sagt Mom, »mit Angewohnheiten, als wohnten sie in einem weißen Viertel in Arlington. Kaum zu Hause, schließen sie sich ein und machen die Fensterläden zu. Du kannst jeden Abend an ihrem Haus vorbeigehen und denken, es ist niemand drin.«

Mom findet sie trotzdem in Ordnung, und der eine, der mir mal geholfen hat, als es mir schlecht ging und ich unbedingt ins Haus musste, war freundlich. Soll ich einen von denen bitten, in dem Haufen Müll unter der hinteren Veranda nach etwas zu suchen, von dem ich gar nicht weiß, was es ist? Kann sein, sie haben da

Drogen deponiert. Weiß ich, wie die Nachbarn damit umgehen, wenn sie sie finden?

Denk nach, Sam. Wann bist du zuletzt selbst unter der Veranda gewesen? Zehn Jahre ist das her. Da konntest du noch wenigstens ein bisschen von deiner Umgebung erkennen. Mit dem Taxifahren ging es schon nicht mehr. Aber Auto waschen – ich konnte mit den Händen fühlen, wo der Dreck saß und wo es noch nass war. Damals hast du auf Mom gehört.

»Es macht nichts, Paps, dass du weniger Geld verdienst. Du kannst einen Stall bauen. Wir züchten unser Fleisch selbst.«

Da habe ich den Kaninchenstall gebaut. Es waren am Anfang auch ein paar Kaninchen drin. Bis ich eines Morgens die Reste gefunden habe. Ratten sind es gewesen, da bin ich ganz sicher. Und ich hatte das Quieken und Rumoren in der Nacht nicht ernst genommen. Dachte, die Kaninchen machen sich einen fröhlichen Abend. Weil ich doch züchten wollte, hatte ich alle zusammen in einen Stall gesperrt. Ich hab nicht wieder angefangen damit. Gegen Ratten kann man nichts machen.

Mom ist seit der Zeit bestimmt nicht mehr unter der Veranda gewesen. Sogar den Jungen hat sie da weggescheucht, als er noch klein war. Wo es verboten war, wollte er natürlich erst recht spielen. Als er ein bisschen größer war, hat er mit seinen Freunden oft unter der Veranda gesessen. Deshalb glaube ich nicht, dass die Kaninchenställe noch an derselben Stelle stehen wie früher.

Wenn alles noch an derselben Stelle stehen würde, könnte ich einen Versuch machen. Ich könnte mich zum Geländer hintasten, dann am Geländer entlang bis zur Treppe, die Treppe hinunter, nach rechts. Der Weg rechts ums Haus ist kürzer.

Und er liegt voller Gerümpel. Vor ein paar Tagen erst hat sie zu Red Bull gesagt, er soll seine alten Fahrräder dort wegnehmen.

Wenn ich mich langsam vorwärts taste, könnte ich um die Fahrräder herumkommen, ohne hinzufallen. Bis zum Raum unter der Veranda. Und dann? Wo soll ich suchen? Wonach?

Ich muss darüber nachdenken. Wenn man mich in Ruhe nachdenken lässt. Wenn ich nicht wieder Besuch bekomme.

Arme alte Rosa Parks! Dafür gibst du dich also her. Was sind das für Zeiten, in denen die Kämpfer auf Festivals reden und ihr Volk in die Gefängnisse wandert?

Wie komme ich jetzt auf die Gefängnisse? Weil Mom mir darüber aus der Zeitung vorgelesen hat. Heute Nacht, als ich gerade eingeschlafen war, nachdem ich so lange auf den Jungen gewartet hatte, bin ich plötzlich wieder aufgewacht. Ich hatte geträumt:

Mom saß neben mir auf der Veranda. Sie hielt einen Becher mit Haselnusskaffee in der Hand und der Duft stieg mir in die Nase. Jetzt weiß ich auch wieder, was sie gesagt hat. Sie sagte: »Das ist der Haselnusskaffee, den Emory mir für Red Bull mitgegeben hat. Ich soll ihm den Kaffee ins Gefängnis bringen, aber ich habe dir vorher ein bisschen davon in den Becher getan. Trink jetzt, Paps, ich will dir aus der Zeitung vorlesen.«

Ihre Stimme kam von weit her und war doch sehr deutlich zu verstehen, so als käme sie von oben. Dabei saß Mom neben mir, sie hatte mir ja den Becher gegeben, den ich in der Hand hielt, und raschelte mit der Zeitung.

»Wo ist bloß der Artikel«, hörte ich sie sagen und immer noch rascheln und dann las sie plötzlich: *»In Illinois wurden zwei Kinder von zehn und elf Jahren verurteilt und in das dortige Hochsicherheits-Jugendgefängnis eingewiesen. Bevor der Staat Illinois 1994 sein Jugendstrafgesetz änderte, lag das Mindestalter für Gefängniseinweisungen von Jugendlichen bei dreizehn Jahren. Ein Kindergefängnis wird zurzeit auch in der Nähe von Chicago gebaut.«*

In meinem Traum sah Mom von der Zeitung auf. Dicke Tränen liefen über ihr Gesicht.

»Alles schwarze Kids, Paps, alles schwarze Kids.«

Da bin ich dann aufgewacht.

Ich habe eine Weile gebraucht, bis mir klar war, dass ich alles nur geträumt hatte. Emory mag ja nett sein, aber den Haselnusskaffee hat Mom bisher noch immer selbst bezahlt. Das mit dem Gefängnis stimmt. Genauso hat sie es mir vor ein paar Tagen aus der Zeitung vorgelesen. Bloß dass Red Bull nicht drin sitzt und dass ich meinen alten Kopf anstrengen muss, um zu verhindern, dass er da hineinkommt.

Und wenn ich mir alles nur einbilde? Wenn Red Bull und der kleine Weiße gar keine Drogen versteckt haben oder was auch immer?

Weshalb haben sie dann so geheimnisvoll getan? Das bilde ich mir jedenfalls nicht ein, dass sie so leise wie möglich an mir vorbeigeschlichen sind. Nicht nach drinnen. Nicht um nachzusehen, was Mom an Essen in der Küche hingestellt hatte. Nein, in die Küche sind sie erst später gegangen. Das habe ich schon ganz richtig gehört. Zuerst unter die rückwärtige Veranda, dann in die Küche, dann war eine ganze Weile Ruhe, und dann sind sie wieder an mir vorbei, ohne ein Wort zu sagen.

Wenn sie etwas getan hätten. Wenn ich wüsste, was sie den ganzen Tag tun. Wenn ich ihnen helfen könnte. Wobei? Und wenn ich mir alles nur einbilde?

RED BULL Wir gehn zurück nach North East. Es macht keinen Spaß, zwischen tanzenden Nonnen und

Mississippi-Delta-Fischern herumzuwandern, wenn man obendrein noch jemanden dabeihat, der hinter jedem Zelt seine Mörder wittert. Wir sind noch nicht von der Mall runter, gerade an der Ampel über die Constitution Avenue, da klingelt es in Johns Büro.

Wenn er unterwegs ist, nennt er die Tasche in seinem Sweatshirt sein Büro. Das Sweatshirt hat er ja nun nicht an, deshalb steckt das Telefon in seiner Hosentasche. Ich seh ihm an, dass er keine Lust hat, sich zu melden.

»Und wenn's ein Kunde ist?«, sage ich.

Das leuchtet ihm ein. Obwohl, wenn er nachgedacht hätte, dann wäre ihm klar gewesen, dass die allermeisten seiner Kunden von den Leuten geschickt werden, die ihm jetzt im Genick sitzen. Die werden sich hüten, ihm neue Geschäfte zu vermitteln, bevor er seine Rechnung bei ihnen bezahlt hat.

Jedenfalls nimmt er das Handy ans Ohr. An seinem Gesicht seh ich, dass kein Kunde dran ist. Ich hör ihn »okay, okay« murmeln, bevor er das Ding wieder wegsteckt. Ich seh ihn an und warte.

»Heute ist Sonnabend«, sagt er.

»Sieh mal einer an«, sage ich. »Hab ich noch gar nicht drüber nachgedacht. Informiert man dich jetzt über so wichtige Sachen am Telefon?«

»Dies ist eine Erinnerung«, hat er gesagt. »Heute ist Sonnabend. Wieso amüsierst du dich auf dem Folkfestival, wenn du bis Sonntag um Mitternacht unsere zweihundert Dollar zurückzahlen willst? Oder hast du das Geld schon? Dann komm und bring es vorbei, Kleiner. Es ist nämlich unser Geld, das du mit dir rumschleppst, verstehst du?«

Es ist völlig unmöglich, hässlicher auszusehen als John in dem Augenblick, als er mir erzählt, was der Mann am Telefon gesagt hat. Es muss was passieren, das ist klar.

»Los, komm«, sage ich, »gehen wir in die Fabrik. Da setzen wir uns hin und überlegen in Ruhe. Wenn einer von den Jungs schon da ist, werden wir die Sache bereden.«

Das ist keine gute Idee, das mit dem Bereden. Wenn jemand Ärger zu erwarten hat, der groß genug ist, dass am Ende einer auf der Strecke bleiben könnte, wird er niemanden finden, der gerade die letzten Stunden mit ihm teilen will. Eigentlich müsste John das wissen, aber anscheinend ist sein Verstand schon wieder gelähmt. Wir trotten zurück nach North East. Um John aufzumuntern, schlage ich vor, dass wir über das Capitol gehen. Zwischen den Touristenhaufen wird er sich sicherer fühlen.

Der Weg ist weiter als über Union Station. Aber in Union Station wimmelt es von privaten Pigs. Könnte ja sein, dass sich einer an uns erinnert. Was eigentlich kein Problem ist. Die sind nicht schnell genug, um uns unter normalen Umständen zu erwischen. Aber kann man das »normale Umstände« nennen, wenn einer neben dir herwankt, dass du jeden Augenblick denkst, er fällt um? So wie John aussieht, hat er heute nicht mal gegen den lahmsten Privaten eine Chance.

»Und wenn ich mich einfach festnehmen lasse?«

Das ist das Komische bei uns. Ich hab nun wirklich kein Wort gesagt von Union Station und Pigs und dass die noch 'ne Rechnung vom letzten Mal mit uns offen haben. Und trotzdem weiß John, worüber ich nachgedacht habe.

»Keine gute Idee, glaube ich. Hast du vergessen, was mit dem Zwilling von den Laredos passiert ist?«

Er hat es nicht vergessen. An seinem Gesicht sehe ich, dass er's nicht vergessen hat.

Die Laredos waren nicht immer drei. Der Kleinste war doppelt, ich meine, er hatte einen Zwilling. Sie haben irgendein Ding gedreht, die Zwillinge allein, aber wahrscheinlich sind sie ohne die beiden Größeren nicht schlau genug. Es war irgendwas mit Einbruch in einen Laden, Videos, glaube ich. Jedenfalls, der Besitzer hatte sich gut vorbereitet. Hat heute noch keiner eine Ahnung, woher er wusste, was die beiden vorhatten. Kann sein, dass sie ein- oder zweimal zu oft in seinem Laden gewesen sind, um sich vorher ein wenig umzusehen. Es heißt, er soll hinter dem Ladentisch gelegen haben, als die beiden auftauchten. Dummerweise kamen sie nicht durch die vordere Tür, wie er wohl vermutet hat. Da wäre er natürlich im Vorteil gewesen. Nein, sie fanden den Einstieg über einen ungesicherten Kellerschacht praktischer.

Sie standen also im Laden, Meister im Kellerlocheinsteigen, die sie sind. Der kleine Laredo meint, sie hätten das zu Hause oft geübt, weil ihr Alter sie mal 'ne Zeit lang abends nicht auf die Straße lassen wollte. Sie standen da, orientierten sich, draußen fuhren die Autos vorbei und im Scheinwerferlicht sahen sie den Besitzer hinter dem Ladentisch hocken. Er starrte auf die Straße und ahnte nicht, wer in seinem Rücken stand.

Das Dumme an den Laredos ist, dass sie Angeber sind. Die Zwillinge besonders. Anstatt sofort zu verschwinden und die Sache zu verschieben, begannen sie in aller Ruhe, Kassetten auszuräumen. Na ja, irgendwann fuhr gerade mal kein Auto vorbei. Plötzlich war alles still, der Mann hinter dem Ladentisch hörte was Verdächtiges, drehte sich um. Das hätte er nicht tun sollen. Sie waren bewaffnet, aber nur der, den sie dann eingesperrt haben, hat geschossen.

Sie haben die Sachen weggeschleppt. Wahrscheinlich wäre niemand dahinter gekommen, wer auf den Ladenbesitzer geschossen hat, wenn sie nicht so blöd gewesen wären, die Kassetten einem Mann anzubieten, der in den Bars rumlungerte und billig Kassetten kaufen wollte. So was riecht verdammt nach Polizeispitzel. Und so war's ja dann auch. Man hat sie geschnappt. Und damit fing das Unglück an.

Ich finde, man soll nie freiwillig einem Mann des Gesetzes unter die Augen kommen, egal ob ein Pig, ein Privater oder ein Polizeispitzel seine Finger nach dir ausstreckt.

Die Laredos waren zu jung. Man konnte sie nicht verurteilen. Aber den, der geschossen hatte, wollten sie trotzdem einsperren. Ist wohl ziemlich egal, ob so was dann Gefängnis oder Jugendpsychiatrie heißt, jedenfalls wenn man die Methoden bedenkt, mit denen der Laredo-Zwilling eingefangen wurde.

»Ich könnte mich freiwillig stellen«, sagt John.

Ich weiß, was er meint. Bei dem Laredo-Zwilling war das anders. Hinter dem waren die *Hunter* her.

»Und was willst du ihnen sagen? Dass du letzte Woche im Union Stadion Apfelsinen geklaut hast? Und dafür eingesperrt werden möchtest? Oder dass du 'n Dealer bist und deine Auftraggeber beschissen hast? Die freuen sich doch, wenn einer von uns hopsgeht. Da haben sie weniger Arbeit.«

John antwortet nicht. Ich wette, er denkt daran, wie sie den Laredo-Zwilling gekriegt haben. »Glaubst du, sie werden Hunter auf mich ansetzen?«

»Das glaube ich nicht«, antwortete ich. Ich glaube es wirklich nicht, und ich sag ihm auch, warum. »Weshalb sollen sie, wo die doch ihre Finger sowieso überall drin haben? Hier tut doch keiner einen Schritt, ohne dass alle anderen wissen, was Sache ist. Außerdem gibt es genug Leute, die bei denen in der Kreide stehen. Die tun denen gern mal einen Gefallen. Hunter kosten Geld, hab ich gehört.«

Obwohl Johns Fall ganz anders liegt, lassen mich die Gedanken an den Laredo-Zwilling noch immer nicht los.

Das Haus der Laredos steht nicht weit von Johns Hütte. Kann sein, dass sein Alter früher noch nicht so versoffen war. Jedenfalls bin ich damals öfter bei ihm gewesen.

Der Laredo, der geschossen hatte, bekam eine Gerichtsverhandlung. Aber zuerst haben sie gesagt, wenn eine Kaution gestellt wird, muss er nicht ins Untersuchungsgefängnis. Die Kaution konnten sie natürlich nicht bezahlen. Da ist der Vater auf die Idee mit dem Hunter gekommen. Du gehst hin, schilderst den Fall, sagst dem Hunter, wie viel Kaution du brauchst, und der gibt dir das Geld. Man unterschreibt, dass man pünktlich zum Gerichtstermin erscheint und der Hunter zehn Prozent von der Kautionssumme kriegt. Damit ist alles in Ordnung.

Natürlich nur wenn du wirklich erscheinst. Wozu aber der kleine Laredo keine Lust hatte. Seine Brüder sagen, er hätte es vergessen. Aber John und ich, wir glauben das nicht. Wenn er es vergessen hätte, würde er sich wohl kaum versteckt haben.

Plötzlich lief nur noch einer von den beiden rum, obwohl sie sonst immer nur zusammen gesehen worden sind. Dann tauchten ein paar Leute auf, die bis dahin noch niemand in North East gesehen hatte. Außer dem Alten von den Laredos, schätze ich. Sie fragten hier und da, auch bei Johns Mutter kamen sie vorbei und redeten über dies und das. War klar, dass sie was Bestimmtes suchten, aber wir sind nicht draufgekommen. Es kommt manchmal vor, dass Leute auftauchen, rumhocken und wieder verschwinden. War das erste Mal, dass hier Hunter unterwegs waren.

Der Laredo-Zwilling muss aber was geahnt haben. Er war weg. Dachten wir jedenfalls. In Wirklichkeit saß er ein paar Häuser weiter im Keller. Irgendjemand aus seiner Familie brachte ihm nachts was zu essen vorbei, bis die Lage sich beruhigt hatte.

So was kann man hier nicht lange geheim halten, jedenfalls nicht vor Huntern. Als ich an dem Tag auf die Veranda kam, sagte der alte Mann zu mir:

»Was ist da drüben los, Red Bull?«

Sehen kann er nichts, aber er hört wie ein Luchs.

Ich sagte: »Keine Ahnung, da stehen zwei Autos, die sind nicht von hier. Und ein großer Weißer, der 'ne dicke blonde Frau dabeihat, die gleich aus ihren Jeans platzt, und zwei Schwarze. Sieht aus, als wären sie bewaffnet.«

»Kommen sie hierher, Red Bull?«, fragte der alte Mann.

»Woher soll ich das wissen«, sagte ich.

Aber ich konnte schon erkennen, dass sie nicht zu uns wollten. Ich war froh, sie sahen nicht so aus, als ob sie Spaß verstünden. Jetzt holten sie tatsächlich Waffen raus, sogar die Dicke hielt einen Revolver in der Hand. Der große Weiße hatte plötzlich ein Gewehr im Arm. Aus der Hosentasche holte er schwarze Handschuhe, die er sich ganz langsam anzog.

Gerade wie er an seinen Händen rumfummelte und mir ganz komisch wurde, sah ich John über die Straße kommen. Er blieb aber drüben stehen, als er die bewaffnete Truppe sah. Er blieb stehen, schaute zu mir herüber, hob die Hand und zeigte auf die Bruchbude, in der der Laredo-Zwilling saß. Da wurde mir alles klar.

»Sie holen den kleinen Laredo«, sagte ich zu dem alten Mann auf der Veranda.

»Sind wirklich welche von unseren Leuten dabei?«, fragte er mich.

»Ja«, sagte ich, »zwei Nigger in Militärhosen und schwarzen T-Shirts.«

Sagte er doch: »Dreh meinen Stuhl um, los, dreh meinen Stuhl um! Ich will die Schande nicht mit ansehen.«

Wo er doch schon damals gar nichts mehr sehen konnte. Dabei klopfte er mit dem Stock auf den Fußboden, dass ich dachte, er will ein Loch in die Bretter schlagen. Also tat ich ihm den Gefallen, aber ich linste dabei weiter nach drüben.

Da hatten sie inzwischen das Haus umstellt, die Waffen schussbereit, und der große Weiße trat so plötzlich die Tür ein, dass man gar nicht gesehen hat, wie er sein Bein hob. War aber Quatsch, denn die Tür war gar nicht verschlossen. Es krachte aber trotzdem, und er fing an zu brüllen:

»Timothy Laredo, kommen Sie heraus! Es ist alles umstellt, verlassen Sie das Haus mit erhobenen Händen!«

Keiner von uns hat gewusst, dass er einen eigenen Namen hat. Wir nennen beide Zwillinge TW. Eine Menge Leute standen am Straßenrand. TWs ganze Familie war versammelt. Alle starrten auf die offene Tür. Mann, war das Haus eine Bruchbude. Das sah ich da erst richtig. Konnte mich nicht erinnern, wann da zuletzt einer gewohnt hatte. Der Müll quoll aus den Fenstern. Ein Wunder, dass der große Weiße nicht schon durch die Bretter auf der Veranda gebrochen war. Muss ziemlich ungemütlich gewesen sein, da im Keller zu sitzen. Aber damit war es ja nun vorbei.

Ich sah TW langsam rauskommen. Er hatte tatsächlich die Hände über dem Kopf. Kaum war er aus der

Tür, da lag er auch schon mit dem Bauch auf dem Boden. Die dicke Weiße zielte auf ihn, den Revolver in beiden Händen. Sie legten ihm Handschellen an und schleppten ihn zum Auto. Das Heulen seiner Mutter hörte man bis zu uns. Am Auto legten sie ihn über die Kühlerhaube und die Nigger durchsuchten ihn.

»Jetzt durchsuchen sie ihn«, sagte ich zu dem alten Mann neben mir.

»Unsere«, sagte er. »Dafür nehmen sie die mit. Die Weißen wollen sich nicht die Hände schmutzig machen. Sie wollen sich an einem zwölfjährigen Schwarzen lieber nicht die Hände schmutzig machen.«

Natürlich fanden sie nichts bei TW, jedenfalls nichts, was ich von hier aus hätte sehen können. Er lag noch auf der Kühlerhaube, aber plötzlich sah ich, wie er vorsichtig den Kopf hob, schnell nach links und rechts schaute – und dann rannte er los. Er rannte einfach los, ohne zu überlegen. Er rannte los wie 'ne lebende Zielscheibe und natürlich haben sie ihn erwischt. Keine Ahnung, wer getroffen hat. Geschossen haben sie beide. Sie waren schneller als die Weißen. Den toten TW haben sie mitgenommen. Ging alles ganz schnell, vielleicht haben sie plötzlich Schiss gekriegt vor der Laredo-Familie und den anderen, die auf der Straße herumstanden.

John hat alles noch besser gesehen. Kein Wunder, dass er jetzt an die Hunter denkt. Aber sein Fall liegt ganz anders. Die, die ihm ans Leder wollen, brauchen keine Hunter. Hier gibt es genug Leute, die für ein bisschen Crack ihren Mund nicht halten werden.

Vor dem Capitol fotografieren die Touristen sich gegenseitig. Zwei oder drei von den Kameras würden reichen, um die zweihundert Dollar zu bezahlen. In der Gegend von Eastern Market gibt's einen Laden, wo man sie leicht loswird. Das Problem ist: Hier am Capitol knipsen sich auch die Pigs gegenseitig. Man kann leicht an den Falschen geraten.

»Lass uns einen Augenblick stehen bleiben«, sagt John.

Kann sein, dass er wieder funktioniert und die gleiche Idee hatte. Wir stellen uns vorn an die Mauer, neben einen von diesen eisernen Laternenpfählen. Von hier oben sieht es aus, als wäre auf der Mall eine weiße Zeltstadt aufgebaut, wie bei Lawrence von Arabien. Wenn man sich vorstellt, dass in den Zelten statt irgendwelcher Krieger mit Turbanen nur dicke Nonnen herumhopsen, kann einem der ganze Verein Leid tun.

Ich sehe, dass John die Pärchen genau mustert, die sich hinter uns an der roten Granitmauer aufbauen, das weiße Capitol im Rücken. Das haben ihnen die Fremdenführer eingeredet. Hab ich selbst gehört. Das soll die schönsten Bilder geben.

Ich sehe, dass der Himmel plötzlich dunkel geworden ist. Ich sehe das weiße Capitol gegen den schwarzen Himmel, obendrauf flattert die rot-weiß gestreifte Fahne mit der blauen Ecke und den Sternen. Ich sehe zehn Japaner und zwei Pärchen. Eins von den Pärchen ist faul.

»Die zwei mit den Shorts«, sagt John neben mir und dreht sich wieder mit dem Kopf zur Mall.

»Und die beiden, die da vorn um die Ecke kommen«, antworte ich leise und setze mich in Bewegung.

Hat keinen Sinn, etwas zu unternehmen, wenn die Übermacht zu groß ist. Wir trotten langsam davon, auf der Rückseite vom Capitol den Hügel hinunter, Richtung North East. Erst unten fällt mir ein, dass das für John eine prima Gelegenheit gewesen wäre, sich festnehmen zu lassen. Kann ihm also doch nicht so ernst gewesen sein mit dem Verhaften. Oder hat er plötzlich Schiss gekriegt?

»Wenn du glaubst, ich hab Schiss davor, in den Knast zu gehen, dann täuschst du dich«, sagt John. »Ich glaub nur, dass du Recht hast. Die kriegen mich drinnen und draußen. Bloß dass ich drinnen überhaupt keine Chance mehr hab.«

Wenn uns nicht bald was einfällt, vermute ich, dass seine Chancen hier draußen auch nicht mehr besonders gut sind, aber ich sag nichts. Wird noch trübe genug werden ohne John. Da müssen wir uns die letzten Stunden nicht auch noch vermiesen.

»Eastern Market«, sagt John. »Da kenn ich ’n Buchladen. Hab früher mal als Austräger für die gearbeitet. Ganz nette Leute, alter Mann und seine Tochter, lauter alte Bücher, so Zeug, was manche Leute noch lesen, auch wenn's schon total zerfleddert ist. Da könnte ich fragen.«

»Ob du ihre Bücher austragen kannst? Was kriegst du dafür? 'n Dollar? Weißt du, wie viel Zeit du noch hast?«

»Sie könnten mir die zweihundert Dollar leihen.«

Ich sehe John an. Ich finde, er sieht nicht so aus wie jemand, dem man mal eben zweihundert Dollar leiht. Aber ich sag nichts. Nach Eastern Market also.

John findet den Buchladen. Der sieht so alt aus wie die Bücher, die im Schaufenster liegen. Die Ladentür und das Schaufenster sind vergittert. Entweder sind die hier pleite oder sie haben früher Feierabend gemacht. John klopft trotzdem durch das Gitter an die Tür. Niemand kommt, dafür rollt ein Pigauto langsam die Straße rauf. Macht sich nicht gut, hier vor der Tür zu stehen, wo der Laden abgeschlossen ist. Also verdrücken wir uns unauffällig.

»Ich hab Hunger«, sagt John.

Darauf hab ich schon gewartet. Immer wenn wir an einem Markt vorbeikommen, hat er Hunger. Die Markthalle sieht nicht so aus, als ob drinnen noch viel los wäre. Wir gehen trotzdem rein. Drinnen wird eingepackt. Das ist nicht schlecht, weil dann manchmal

Sachen abfallen, die das Wegbringen nicht mehr lohnen. So wie John aussieht, kriegt er immer was.

Diesmal nicht. Draußen auf der Straße, auf den Bänken vor der Markthalle, hockt Memphis. Der Mann sieht wieder fantastisch aus: Rastazöpfe, karierte Schlägermütze, afrikanisches Hemd, rote Samthosen, mindestens zehn goldene Armbänder, um den Hals eine Kette mit einem blauen Riesenstein. Man vergisst fast bei seinem Anblick, dass er ein totes Auge hat. Außerdem ist sein linker Arm nicht in Ordnung, soll mal unters Auto gekommen sein, als er zu schnell wegmusste. Wir haben keine Lust, uns zu ihm zu setzen. Als wir an ihm vorbeigehen, sagt er:

»Nanu, wieso läuft denn der noch rum?«

»Hast du was gesagt?«, fragt John. An seiner Stimme höre ich, dass er wütend ist.

»Nein, ich wundere mich nur.«

Ich finde, dass ich mich einmischen sollte.

»Und was gibt's zu wundern?«, frage ich, was mir aber im selben Augenblick Leid tut. Memphis weiß immer ziemlich gut Bescheid. Wenn er nun auch noch davon anfängt, dass sie John erledigen wollen, kann das die Stimmung nur verschlechtern.

»Lass doch den Blödmann«, sage ich zu John, »komm, wir gehen einfach weiter.«

»Ja, geht nur, ihr Hosenscheißer, geht, solange ihr noch könnt.« Memphis' Lache ist widerlich.

MOM »Möchten Sie, dass ich Ihre Tasche trage, Miss Mom?«

Heute ist es wieder so weit. Einsneunzig ist er groß, dieser David, aber fröhlich wie ein kleiner Junge.

»Ist ja nicht schwer«, sagt er und schleudert den Beutel mit dem Geld über seinem Kopf herum, dass ich lachen muss. Aber die kleine Caity lacht nicht. Sie sieht David bloß streng an.

»Wenn du zu viel Unsinn im Kopf hast, wird Emory das Geld zur Bank bringen«, sagt sie.

»Ist schon in Ordnung, Caity. Wollen wir losfahren, Miss Mom?«

Sie kann sich durchsetzen, die kleine Caity, das kann sie. Auf der Wisconsin Avenue ist eine Baustelle. Wir stehen eine Weile im Stau. Ich glaube, das hat er ganz gern, der Junge neben mir. Er ist ja auch wirklich erst achtzehn und noch fast ein Kind. Den ganzen Tag im Laden stehen, das fällt ihm bestimmt nicht leicht. Aber, sagt er, er will unbedingt Geld verdienen. Er lebt allein mit seinem Vater. Der Vater hat einen Job im Zoo. Ich meine, was kann er da schon viel Geld mit nach Hause bringen. Direktor wird er nicht sein. Schon richtig, dass Baby David ihm nicht länger auf der Tasche liegt.

»Wissen Sie, was ich wirklich möchte, Miss Mom?«, höre ich den Jungen neben mir sagen.

Ich hab Zeit genug, ihn mir gründlich anzusehen, bevor ich ihm antworte.

»Was du wirklich möchtest, David? Ich glaube, du möchtest auf einer Wiese liegen und in den Himmel schauen«, sage ich.

»Falsch, Miss Mom. Am liebsten möchte ich fliegen können.«

Nun muss ich doch lachen. Aber ich sehe, dass David traurig wird, und ich höre auf zu lachen.

»Na los, David, erzähl schon, weshalb du so gern fliegen möchtest«, sage ich. »Kam mir bloß ein bisschen komisch vor, dich langes Ende in einem kleinen Flugzeug zu sehen. Los, erzähl schon.«

»Kennen Sie Jessica Dubroff, Miss Mom?«

»Nein. Wer ist das?«

»Das ist die jüngste Pilotin im ganzen Land. Sie fliegt eine einmotorige Cessna. Und wissen Sie, wie alt Jessica ist?«

»Nein«, sage ich, »woher soll ich das wissen, wenn ich sie doch überhaupt nicht kenne?«

»Sieben«, sagt David.

Ich muss gerade das Auto ein Stück weiterbewegen. Deshalb höre ich nicht so genau hin und denke, ich hab mich verhört.

»Sieben«, sagt David noch einmal. »Und sie wiegt nicht ganz fünfundzwanzig Kilo und ist einen Meter und fünfunddreißig Zentimeter groß. Glauben Sie, Miss Mom, dass ich nach Wyoming fahren und sie besuchen könnte? Ich möchte nämlich ...«

»Na los, David, sag mir, was du möchtest!«

»Ich möchte sie nämlich fragen, ob ich bei ihr das Fliegen lernen könnte. Ich meine, hauptsächlich würde ich ihr helfen. Beim Flugzeug, meine ich, es muss doch in Ordnung gehalten werden, sauber, und dass alle Instrumente stimmen und der Tank voll ist und all das. Und so nebenbei würde sie mir zeigen, wie man so ein Flugzeug in die Höhe kriegt. Was denken Sie darüber, Miss Mom?«

»Warum nicht?«, antworte ich. »Wenn in diesem Land ein siebenjähriges Mädchen fliegen darf, warum soll sie es dann nicht einem achtzehnjährigen Jungen beibringen dürfen? Aber denkst du auch an Miss Caity? Und an Starbucks? Und an deine Arbeit? Macht es dir etwa keinen Spaß, bei Starbucks zu arbeiten?«

»Ach, Miss Mom, natürlich macht mir die Arbeit bei Starbucks Spaß. Aber fliegen, Miss Mom, fliegen, das ist doch etwas ganz anderes.«

»Und dein Vater, David?«

Wir fahren jetzt langsam weiter und werden gleich bei der Bank anhalten. Ich denk mir, er wird seinem Vater nichts davon gesagt haben.

»Ach, der. Wenn es so weit ist, sag ich es ihm. Nicht vorher. Dann kämpf ich es aus. Hab ich Ihnen doch gesagt, Miss Mom, dass mein ganzes Leben Kampf ist. Danke, Miss Mom.«

Und schon ist er aus der Tür, läuft zwischen den Autos durch und ich seh ihn in der Schwingtür der Bank verschwinden. Ein verrückter Kerl, dieser David.

Hat man schon mal von einem siebenjährigen Mädchen gehört, das fliegen kann? Wenn ich das Paps erzähle, wird er mir wieder nicht glauben. Wie neulich, als ich ihm die Geschichte von den Juniorjagdtagen erzählt habe.

»Wenn wir in Florida leben würden, hab ich zu ihm gesagt, »dann könnte man vielleicht dafür sorgen, dass Red Bull zu den Juniorjägern kommt. Immerhin ist er schon dreizehn. In Florida kriegen die Juniorjäger schon mit acht Jahren ein Gewehr und fangen an zu schießen.«

»Erstens kann das nicht stimmen«, sagte Paps darauf, »und zweitens: Willst du diese Familie unbedingt unglücklich machen? Gut, der Junge hat nicht viel Lust auf die Schule. Aber wer weiß? Vielleicht langweilt er sich bald und geht nach den Ferien gern wieder hin? Immer kann er ja nicht im Bett herumliegen. Was glaubst du, was passieren wird, wenn man ihm ein Gewehr in die Hand gibt? Glaubst du, er wird mehr Lust haben, in die Schule zu gehen? Tag und Nacht wird er in seinem Jagdclub sein. Diesen Schießprügel wird er mit nach Hause bringen. Möchtest du einen bewaffneten Sohn haben? Weißt du nicht, was hier auf den Straßen los ist? Hast du's vergessen? Bist du nicht froh, dass Red Bull bis jetzt noch nicht zu den bewaffneten Gangstern gehört? Wie kann man nur so dumm sein! Warum muss ausgerechnet ich so eine dumme Tochter haben!«

Wenn er sich aufregt, ist Paps nicht fair zu mir. Ich weiß ganz genau, dass ich Recht habe. In Florida können die Kinder schon mit acht Jahren an Gewehren ausgebildet werden. In Maryland mussten sie dieses Jahr die Plätze auslosen, so viele wollten aufgenommen werden. In North Dakota sollen dieses Jahr tausendneunhundert Erlaubnisscheine für Kinderjäger ausgegeben werden. Überhaupt: In einunddreißig amerikanischen Bundesstaaten gibt es Kinderjäger. Würden die das machen, wenn es nicht erlaubt wäre?

Ich kann sehr wohl hören, Paps, und das hab ich im Radio gehört, bevor das Radio in dieser alten Kiste seinen Geist aufgegeben hat. Und im Fernsehen hab ich's gesehen. Aber wenn einer blind ist und sich die Welt in seinem Kopf zurechtlegt und nicht glaubt, was ihm die Leute erzählen, die ihre Augen noch haben, dann kann er ja nicht wissen, wie es wirklich ist.

Das muss man sich mal überlegen: kann nicht fernsehen und will mir sagen, was in der Welt los ist! Und dass ich dumm bin.

Ich hab's endgültig satt, Paps, das Gerede davon, dass ich dumm bin. Wenn ich heute Abend nach Hause komme, dann soll er sehen, wer ihm sein Essen bringt. Ich werde mich erst mal ein paar Stunden informieren. Ich will nämlich wissen, was los ist. Ich will nicht blind durch die Gegend laufen wie der alte Mann auf meiner Veranda, der mein Essen isst, weil er sich selbst keins kochen kann, und mir erzählen will, dass er besser in der Welt Bescheid weiß als ich. Ich hätte Lust, sofort hinzufahren und ihm zu sagen, was ich von seinem Gerede halte.

Und David werde ich sagen: »Geh, mein Junge. Sowie du deine drei Tage Urlaub hast, geh nach Cheyenne in Wyoming und frag deine kleine Fliegerprinzessin – Mom, du kommst auf Wörter! Fliegerprinzessin! Soll noch mal einer sagen, ich bin dumm – und frag sie, ob sie dir das Fliegen beibringen will. Kämpf dich durch zu ihr, David. Du schaffst es.«

Und nun fahr endlich weiter, Miss Mom. Die Baustelle ist zu Ende. Gib Gas, altes Mädchen, damit du nicht zu spät zum nächsten Starbucks kommst. Auf dich warten noch ein paar Fußböden heute. Oder sollen die Kunden, die an den kleinen braunen Tischen sitzen und den wunderbaren Caffè latte trinken oder vielleicht den Espresso con Panna, der jeden Liebhaber geschlagener Sahne in Entzücken versetzt, sollen die vielleicht dabei ihre Füße auf einen dreckigen Fußboden stellen?

RED BULL Gott sei Dank, die Pigs halten nicht an. Und wenn schon – was haben wir zu verbergen? Ist es vielleicht verboten, an die Tür von einem Buchladen zu klopfen, wenn der Besitzer nicht da ist?

»Ein Glück«, sagt John neben mir. »Hätte noch gefehlt, dass sie uns anhalten und Crack in meiner Hosentasche finden.«

»Wieso? Ich denk, du kriegst keinen Stoff mehr?«

»Von denen nicht, aber vorhin, bevor ich zu dir gekommen bin, hat mir jemand ein bisschen was gegeben. Ich dachte, damit mach ich wenigstens ein paar Dollar. Kann ich wissen, dass die Kerle auf diesem blöden Festival rumlaufen? Hätte bestimmt 'ne Chance für 'n guten Deal gegeben.«

Ich glaub's nicht, aber ich sag nichts.

Die Bäume am Bürgersteig geben jetzt Schatten, aber viel kühler wird es davon auch nicht. Ich finde, es stinkt plötzlich merkwürdig. Auch John hat was gerochen. Er hält sich die Nase zu und geht schneller. Ich bleibe ihm auf den Fersen. Irgendwo am Straßenrand muss 'ne tote Katze liegen oder ein Hund oder was weiß ich. Müssen die Ratten in der Nacht übersehen haben.

Leider ist es noch nicht ganz dunkel. Ich hab's nicht gern, wenn wir am Tag in die Fabrik einsteigen. Im Dunkeln fühl ich mich sicherer. Dann wissen wir, wie wir am besten abhauen können, ohne dass uns jemand folgen kann. Am Tag ist das schwieriger. Aber es ist wohl am besten, wenn wir jetzt erst mal von der Straße verschwinden. Es gefällt mir nicht, wie John bei jedem Typen zusammenzuckt, der auch nur von fern wie einer von seinen Bossen aussieht.

Zwischen den Mauern und Steinhaufen sind wir allein. Abends sieht es hier verdammt viel schöner aus. Man kommt dann überhaupt nicht auf die Idee, dass einen einer beobachten könnte. Jetzt sehen wir dauernd zu den Fensterhöhlen hin, als ob sich jeden Augenblick einer draußen hochziehen und zu uns reinlinsen könnte. Es kommt aber keiner.

»Und nun?«, fragt John. »Deine Idee?«

»He, Moment mal«, sage ich. »Hab ich was von einer Idee gesagt?«

»Du hast gesagt, wir sollen in die Fabrik gehen und die Sache bereden. Das hast du gesagt, oder vielleicht nicht?«

»Klar, hab ich. Und seit wann heißt bereden eine Idee haben?«

John ist tatsächlich am Ende. Sonst würde er nicht so einen Quatsch daherreden. Wir sitzen an der Wand und glotzen vor uns hin. Als ich aufsehe, turnt auf dem Steinhaufen vor uns eine fette Ratte rum. Ich sehe, wie Johns Hand auf dem Boden nach einem Stein tastet.

Jetzt hat er ihn – zack!

Das Biest war schneller. Es verschwindet zwischen

den Ziegelsteinen, ungefähr an der Stelle, die der älteste der Laredo-Brüder immer als Stütze für seinen Kopf benutzt. Vielleicht sollten wir doch mit ihnen reden? Ideen haben die Brüder meistens.

»Wir müssen ja nicht sagen, worum es geht«, sagt John. »Wir könnten zum Beispiel sagen: Stellt euch mal vor, ihr braucht zweihundert Dollar, auf dem schnellsten Weg. Wie würdet ihr das anstellen?«

»Wenn sie das wüssten, würden sie sich die Dollars selbst holen«, antworte ich.

Wieder ist Ruhe. Irgendwann wird es langsam dunkel draußen. Manchmal kommen die anderen schon in der Dämmerung. Heute kommt keiner, auch nicht, als es schon längst dunkel geworden ist. Ich hab Hunger. Ein Wunder, dass John noch nicht davon angefangen hat. Wir hören die Autos auf der Straße, sehen die Scheinwerfer in den Fensterhöhlen, die Sirenen der Pigs jaulen, als würden sie heute das große Wettjaulen veranstalten. Ob draußen was passiert ist? Oder kommt es mir nur so vor, als wäre etwas Besonderes los, jetzt, wo wir hier sitzen und immer noch auf die anderen warten, und es kommt keiner.

»Lass uns abhauen«, sagt John. »Ich kann hier nicht mehr rumsitzen. Ich brauch was zu essen. Außerdem treffen wir vielleicht jemanden, und man kann auch mal nachsehen, was draußen überhaupt los ist.«

»Klar«, sage ich. »Lass uns mal nachsehen.«

Ich bin froh, dass wir uns von hier wegbewegen. Irgendetwas stimmt nicht, so viel ist sicher. Alles ist besser, als hier rumzuhängen.

Auch als wir über die Mauer zurück auf die Straße klettern, zeigt sich niemand. Hört sich an, als wenn das Sirenengeheul aus dem Norden kommt. Gerade wie ich John vorschlagen will, welche Richtung wir nehmen sollen, sehe ich unter den Bäumen auf der anderen Straßenseite die Laredo-Truppe herumstehen. Sie stehen neben einem Auto mit eingeschlagenen Scheiben. Vielleicht haben sie etwas Brauchbares darin entdeckt. Manchmal parken weiße Touristen in North East, die nach Jazzclubs suchen. Von uns hat keiner was gegen Weiße. Bloß dass sie hier nicht hergehören.

Ich winke den Laredos zu. Ich sehe genau, dass sie uns bemerkt haben. Sie tun aber so, als hätten sie nichts gesehen, und gehen langsam weiter, obwohl ich sicher bin, dass sie gerade dabei waren, die Karre zu untersuchen. Wieso lassen sie ihre Beute liegen und gehen weg, wenn sie uns sehen?

Ich sehe John an. Er steht da wie gelähmt und glotzt hinter ihnen her, das heißt, er starrt auf die Stelle, wo die Laredos gestanden haben, denn sie sind weg. Sie sind einfach verschwunden, ohne sich um uns zu kümmern.

»Los, gehen wir rüber«, sagt er.

Ich bin dagegen, dass wir das Auto näher untersuchen. Ich wette, die Laredos haben irgendwo im Dunkeln einen Beobachterposten bezogen. Die lassen ihre Beute nicht einen Augenblick aus den Augen. Rübergehen und nachsehen, ob man was Brauchbares findet, wäre das Dümmste, was wir jetzt tun könnten. Die Häuser auf der anderen Straßenseite sind unbewohnt. Genau da an der Ecke, wo das Auto steht, war früher ein Jugendclub. Deshalb sind die Wände noch bunt bemalt, aber die Fenster sind zugenagelt. Ich bin nie drin gewesen, ist nicht unbedingt meine Sache, so was, aber John hat da gedealt, bis sie das Haus geschlossen haben. Auch das Haus daneben steht leer. Dem Klamottenladen dahinter hat vor ein paar Wochen jemand die Scheibe eingeworfen. War wohl nicht versichert. Jedenfalls hat er noch nicht wieder aufgemacht. In jedem dieser verlassenen Häuser können die Laredos stecken. Ich geb John einen Schubs.

»Sie reden nicht mit uns«, sage ich. »Sie warten ab. Irgendwer hat hier das Gerücht verbreitet, dass wir zu beschäftigt sind, um uns auf Gespräche einzulassen. Irgendwer hat verbreitet, dass es gefährlich werden könnte, mit uns gesehen zu werden. Irgendwer …«

»Oh Mann, sei ruhig«, unterbricht mich John. »Ich kann deine komische Stimme nicht mehr hören. Was ist los mit dir? Steckst du in der Scheiße oder ich? Hau doch ab, wenn es dir mit mir nicht passt! Geh deinen Großvater schaukeln. Los, hau ab!«

Es kommt mir schon ’ne Weile so vor, als ob das Sirenengeheul zunimmt. Als ob der Lärm aus der Gegend kommt, in der das Haus von Johns Familie steht. Und als ob es in der Richtung heller wird.

»Könnte Feuer sein«, sage ich.

Wir gehen aber nicht schneller. Irgendwie haben wir uns das schnelle Gehen schon lange abgewöhnt. Sieht leicht so aus, als ob man vor irgendetwas wegläuft. Wovor sollten wir weglaufen? Es gibt überhaupt keinen Grund, aus diesem schönen Viertel abzuhauen. Wo der Mensch alles hat, was er braucht.

Kann aber sein, dass John nun bald etwas fehlt. Was da vorn brennt, ist nämlich letzte Nacht noch sein Schlafzimmer gewesen.

Das seiner Alten brennt auch. Sie steht vor den Flammen, mit fast nichts an, und an diesem bisschen hängen die Kleinen und plärren rum.

»Lass uns bloß hier abhauen«, sagt John. »Wenn die mich sehen, bin ich geliefert. Die ist doch nicht mal in der Lage, sich was anzuziehen.«

»Der Kerl ist nicht zu sehen, der bei ihr gewesen ist«, sage ich.

»Nee, ihre Kerle verpissen sich immer ziemlich schnell wieder. Wer weiß, vielleicht hat der ihr vorher noch das Bett angezündet.«

»Sah mir eher so aus, als hätte das Feuer in dem Autowrack angefangen.«

»Ist doch egal«, antwortet John. »Manchmal spielen die Kleinen da. Vielleicht haben sie die Streichhölzer gefunden, die im Handschuhfach lagen. Gehen wir zu dir?«

»Mann, meine Mutter«, sage ich. »Um diese Zeit kommt sie von der Arbeit. Soll sie uns auf die Nerven gehen? Lass uns warten, bis sie schläft.«

»Und wie lange dauert das noch? Bis ich vor Hunger gestorben bin?«

Ein paar Straßen weiter gibt es einen Laden, wo ein paar verrückte Weiße und Latinos zum Tangotanzen hingehen. Von irgendwoher kenn ich den Wirt. Er ist in Ordnung. Wenn die Leute vor lauter Tango tanzen ihre Teller nicht leer essen, kriegt man die Reste. Ich schlage John vor, dass wir erst mal dahin gehen, um uns den Bauch voll zu schlagen. Danach können wir bei uns versuchen, ihm unter der Veranda ein Lager für die Nacht zu machen. Er ist einverstanden. Über uns schwebt dauernd die Zweihundertdollarfrage, aber keiner spricht davon.

Unterwegs treffen wir tatsächlich niemanden. Um uns herum bleibt es leer. Als ob wir uns in einem Hohlraum bewegen, der nur für uns gemacht ist. Komisches Gefühl, so zu gehen und trotzdem zu wissen, dass man vielleicht beobachtet wird.

Den Tangoschuppen sehen wir zuerst von der gegenüberliegenden Straßenseite. Wir stehen im Dunkeln unter den Bäumen und starren hinüber. Hinter der großen Fensterscheibe bewegen sich dünne, schwarz gekleidete Paare. Auch die Frauen haben Hosen an und Schuhe mit hohen Absätzen. Die Leute bewegen sich, als wären sie aufgezogen. Der Raum, in dem sie tanzen, ist ziemlich dunkel. Über ihnen an der Decke hängt eine glitzernde Leuchtkugel, die sich dreht. Im Schaufenster sitzen ein paar Leute und essen. Rechts im Hintergrund ahnt man die lange Bar. Anscheinend sitzt nur ein einzelner Mann dran; ist wohl noch zu früh für den Gutenachtschluck. Pimky, den Wirt, sehe ich nicht.

»Da gehst du allein rein«, höre ich John neben mir sagen. »Sind doch lauter Verrückte da drin. Was soll das sein, was die da machen? Tanzen nennen die das?«

Ich finde, dass John manchmal ein ziemlicher Feigling ist. Hab ich Hunger oder er? Gut, ich auch. Also schieb ich über die Straße und zum Seiteneingang rein. Im Flur treff ich einen von Pimkys Leuten, der mich schon öfter hier gesehen hat.

»Na, Nigger, wieder mal hungrig?«

»Selber Nigger. Was gibt's denn heute so?«

»Für dich haben wir was Besonderes aufgehoben. Du kannst 'n prächtigen Arsch voll haben, klar?«

In dem Augenblick kommt Pimky und der kleine

Schwarze verzieht sich. Mit Pimky komm ich besser klar. Sogar als ich ihm sage, dass auf der anderen Straßenseite einer steht, der noch mehr Hunger hat als ich, verliert er die Ruhe nicht. Als ich abziehe, hab ich eine Tüte mit Salat, Reis mit Bohnen, fast ein halbes gebratenes Huhn, Toast und zwei dicke gekochte Königskrabben.

John und ich, wir verziehn uns in die Nähe vom Lincoln-Theater. Wir sitzen hinter einem löcherigen Bretterzaun. Während wir es uns schmecken lassen, sehen wir zu, wie die Leute drüben ins Theater gehen. Schwarze und Weiße, aber eigentlich mehr Schwarze, alle ziemlich fein gemacht.

»Und da? Was ist da nun wieder los?«, fragt John. »Tanzen die da auch Tango?«

»Keine Ahnung, siehst du den Kerl da, den langen Schwarzen mit dem goldenen Hemd?«

»Den mit der Glatze?«

»Klar, den mit der Glatze. Oder gibt's noch 'n anderen mit 'nem goldenen Hemd?«

»Und? Was ist mit ihm?«

»Ist 'n Musiker, glaub ich. Den hab ich beim Festival mit einem Saxofon gesehen. Die werden da drin Musik machen, schätze ich.«

Wir schauen die fein gemachten Leute an und denken beide das Gleiche: Die sehen alle so aus, als ob es ihnen nichts ausmacht, mal ein paar Dollar rauszurücken für einen guten Zweck. Wie Leute, die genug Geld in der Tasche haben. Ausmachen wird es ihnen schon was. Solche Leute geben freiwillig nicht gern was ab.

Die Pigs, die am Bretterzaun vorbeigondeln, erinnern uns daran, dass diese Gegend noch besser bewacht ist als unsere. Direkt vor unserer Nase steht eine große Uhr. Das Zifferblatt ist beleuchtet. Der Sekundenzeiger rückt nicht gleichmäßig vorwärts. Bei voll bleibt er etwas länger stehen. Wieso eigentlich?

»Wetten«, sage ich zu John, »dass dieser Hühnerknochen in drei Minuten Besuch bekommt?«

»In zwei«, antwortet John. »Um die letzte Scheibe Toast.«

Den Toast hätte er auch so haben können, aber mir ist es recht. Ich werfe den Knochen weg, aber so, dass wir ihn gut sehen können. Ich seh auf die Uhr, während John auf den Knochen stiert. Nach genau einer Minute und vierzehn Sekunden höre ich John.

»Da ist die Erste«, zischt er.

Ich kann endlich von der blöden Uhr wegsehen. Es kommen noch drei Ratten. Sie fangen an, sich um den Knochen zu zanken. John wirft einen Stein und sie sind verschwunden. Der Knochen auch. Aber der Platz ist uns nun unangenehm. Weiß man, worauf man sitzt?

John schnappt sich den Toast und wir stehen auf.

Drüben vor dem Lincoln-Theater ist die Straße leer bis auf einen Besoffenen, der laute Reden hält. Von dem ist nichts zu holen. Wir warten, bis kein Pig in Sicht ist, bevor wir hinter dem Bretterzaun hervorkriechen. Macht sich nicht gut, wenn sie einen von irgendeinem Grundstück kommen sehen. Automatisch gehen wir in die Richtung von unserem Haus. Wir werden sehen, ob Moms Auto vor der Tür steht. Dann dauert es nie lange, bis sie im Bett liegt und schläft.

SAM Sie kommt nach Hause, und ich sitze auf der Veranda und höre, wie der Motor ausgeht, bevor sie den Schlüssel rumgedreht hat. Irgendwas macht sie immer falsch, aber sie macht das schon so lange, dass ich mich daran gewöhnt habe. Ich warte, dass sie die Treppe heraufkommt und nach Putzmitteln riecht und über ihre kaputten Hände jammert und darüber, dass Charly mal wieder die Blumen aus dem Kasten gerissen hat. Ich hab ihn dabei gehört, aber ich hab mich nicht gerührt. Er war heute lange das Einzige, was sich um mich herum bewegt hat.

Wenn sie genug gejammert hat, wird sie in die Küche gehen und das Essen heiß machen und damit auf die Veranda kommen, wo wir sitzen werden und essen und reden. So ist es an jedem Abend, nur dass ich im Winter drinnen sitze und nicht mal Charly vorbeikommt.

Warum es heute so lange dauert, bevor sie die Treppe heraufkommt, möchte ich wissen. Ist sie schon jemals nach Hause gekommen, ohne »Hey, Paps«, zu sagen, wenigstens »Hey, Paps, ich geh mal eben in die Küche« oder etwas in der Art? Irgendetwas ist los mit ihr und ich rufe:

»He, Tochter!«

Sie antwortet nicht.

Dafür höre ich den Fernseher, als ob irgendetwas Besonderes passiert ist, das sie unbedingt sehen will, um mir nachher davon zu erzählen. Was ist es, das sie mehr interessiert als der alte Mann auf ihrer Veranda, der den ganzen Tag darauf gewartet hat, dass jemand ein Wort mit ihm spricht?

Ich sollte hingehen und zuhören. Aber ich gehe nicht. Ich sitze und warte und überlege, ob es schon jemals in einem Sommer so heiß gewesen ist wie in diesem.

Ja, einen Sommer hat es gegeben, und wenn ich an diesen Sommer denke, dann fühle ich Schweiß in meinen Handflächen, und ich will aufhören, daran zu denken. Und wenn ich nicht aufhören kann, was manchmal vorkommt, dann merke ich, dass meine Knie anfangen zu zittern, so wie jetzt.

Dann ist es zu spät, um die Gedanken an den roten Sommer von Mississippi zu verscheuchen, an den Mordsommer, an den Brandsommer, an den Bombensommer. Nichts wollten wir, nur das Recht zu wählen, das uns die weißen Rassisten schon lange wieder abgenommen hatten. Aber es war unser Recht und wir wollten es zurück.

Nie werde ich die Gesichter der weißen Studenten vergessen, feine junge Leute von berühmten weißen Universitäten aus dem Norden, die den Sommer bei uns verbringen und uns in unserer Wahlkampagne unterstützen wollten.

Ich sah sie aus dem Bus steigen und zum ersten Mal sahen sie unsere Hütten. In ihren Gesichtern konnten wir unser elendes Leben erkennen. Aber sie fuhren nicht wieder ab. Sie blieben da, jedenfalls versuchten sie es, denn sie wollten helfen, das Unrecht zu bekämpfen, in dem wir gehalten wurden.

Sicher gab es Leute, eigene Leute, die warnten und Angst verbreiteten und sagten: »Hört auf, die gleichen Rechte zu fordern wie die Weißen. Ihr bringt damit Unglück über uns. Wir Nigger sind noch nicht so weit.«

Aber die Bewegung war nicht mehr aufzuhalten, weil man sich wehren muss, wenn einem Unrecht geschieht. Und Angst hatten wir sowieso.

Dann kam der Tag, an dem unser Mann James Chaney mit zwei weißen Studenten – sie waren Juden aus New York, und ich bin ein alter Mann und habe ihre Namen vergessen, aber jemand wird sie aufbewahrt haben, denn sie dürfen nicht vergessen sein –, als unser Mann mit diesen beiden nach Neshoba fuhr. Er wollte ihnen zeigen, wie wir da lebten, und dass der weiße Mob dort unsere Kirche angezündet und Frauen und Kinder in Gefahr gebracht hatte.

Das war's, was sie in diesem Sommer machten: unsere Kirchen anzünden. Die drei wollten herausfinden, wer das Feuer in Neshoba gelegt hat.

Sie kamen aber nicht dazu, mit unseren Leuten in Neshoba zu reden, die auf sie gewartet und gehofft haben, die drei würden helfen, dass in ihrer Stadt die Brandstifter bestraft werden und nicht frei herumlaufen und sich mit ihren Taten brüsten. Bevor die drei irgendetwas tun konnten, wurden sie festgenommen und ins Gefängnis gesperrt.

In diesem Sommer kam niemand in das verdammte Neshoba und auch nicht in irgendeine andere Kleinstadt im Süden, ohne gesehen und angehalten und befragt zu werden. Sehr verdächtig waren zwei weiße Männer, die zusammen mit einem Schwarzen ankamen.

Deshalb saßen sie dann im Gefängnis von Neshoba, und wenn sie glaubten, dass sie noch eine Chance hatten, lebend davonzukommen, dann täuschten sie sich. Ich hab nicht bei ihnen gesessen. Ich weiß nicht, ob sie noch Hoffnung hatten, als sie in der Zelle saßen. Aber ich weiß, dass sie keine mehr hatten, als man sie nachts herausgeholt und vor die Stadt gebracht hat.

Wenn in der Nacht die Ku-Klux-Klan-Männer um dich herumstanden, wenn du auf die leeren Augenhöhlen in ihren weißen Kapuzen gestarrt hast, dann hast du gewusst, dass jetzt dein Leben am Ende angekommen ist. Da mussten sie nicht sagen:

»Asche zu Asche, Staub zu Staub. Wenn ihr geblieben wäret, wo ihr hingehört, wäret ihr jetzt nicht bei uns«, wie sie es zu James Chaney und den beiden weißen Studenten gesagt haben.

Sie haben die beiden erschossen, jeden mit einem Schuss. Unser schwarzer Bruder Chaney wurde geschlagen, bevor sie ihn umbrachten.

Hier sitze ich und wünsche, ich hätte nicht die Bilder von seinem Körper gesehen. Meine Hände und meine alten Knie wären jetzt ruhiger.

Kein Fernsehgeräusch mehr. Was ist meiner Tochter in den Sinn gekommen, dass sie an mir vorbeigeht und nicht aus der Küche das Essen bringt? Weshalb ist es so still hier? Soll ich allein ins Haus gehen? Kein Geräusch mehr. Nichts als eine verspätete Grille. Kann die Nacht so still und schwarz sein, dass man sie nicht von einer schwarzen Haut unterscheiden kann?

Und das da? Das Geräusch von jenseits der Straße?

Ich höre dich wohl, Red Bull. Ich höre, dass du

nicht allein bist. Was hat es zu bedeuten, das ihr jetzt auch nachts gemeinsam auftaucht? Gelten die Sirenen der Polizei, die jetzt näher kommen, euch? Was habt ihr getan? Ist es so weit? Kommen sie euch holen?

RED BULL Sie schläft. Ich kann sehen, dass das Licht in ihrem Zimmer aus ist. Was da noch leuchtet, ist nur das Bild vom Fernseher. Trotzdem stimmt was nicht.

»Bleib hier sitzen«, sag ich zu John, »bleib sitzen und rühr dich nicht. Ich bin gleich zurück.«

Ich flitze über die Straße, werf einen Blick in ihr Auto, geh weiter, da seh ich, was los ist. Sie hat den alten Mann auf der Veranda vergessen. Ich kann nicht erkennen, ob er schläft oder wach ist. Wenn die verdammten Sirenen nicht wären, könnte ich hören, ob er schnarcht. Im Nachbarhaus ist kein Licht zu entdecken. Niemand wird uns sehen, wenn wir um das Haus schleichen. Ist doch egal, ob der blinde Alte uns bemerkt oder nicht. Ich lauf zurück zu John.

»Wart 'n Augenblick. Lass uns hier bleiben, bis die Pigs sich beruhigt haben, dann los, aber leise. Der alte Mann sitzt noch draußen. Er ist harmlos. Kriegt alles mit, aber sagt nichts.«

»Irgendwo hat's 'n Bruch gegeben, der groß genug ist, um die ganze Truppe in Bewegung zu setzen. Oder

’n Überfall. Wenn’s aber ’n Bruch war, sollten wir vielleicht hingehen und nachsehen, ob was für uns abfällt.«

Manchmal kann man bei solchen Gelegenheiten einen Auftrag ergattern. Man muss dann rumlaufen und in den Läden fragen, ob die Besitzer vielleicht in drei Tagen eine größere Ladung T-Shirts gebrauchen können. Oder Uhren oder Jeans, was gerade anliegt. Wenn man Glück hat, gibt’s welche, die neue Waren brauchen. Natürlich nicht sofort. Das wäre zu riskant. Aber so in drei, vier Tagen, ganz offiziell geliefert, manchmal auch nachts. Jedenfalls, wenn man so einen Abnehmer auftreibt und das Geschäft klappt, kriegt man Vermittlergeld. Die Jobs sind gesucht. Sie sind praktisch ohne Risiko, niemand kann dich bei irgendwas erwischen. Es gibt sie bloß nicht oft. Meistens sind die Brüche ja schon vorbestellt.

»Viel zu spät«, antworte ich, »wenn sogar schon die Pigs da sind.«

John antwortet nicht mal. Er weiß, dass ich Recht habe.

Weil kein Auto mehr angeheult kommt, flitzen wir über die Straße. Ich mach John ein Zeichen: Er soll neben der Veranda stehen bleiben. Ich will erst nachsehen, was mit dem Alten da oben los ist. Vielleicht ist er gestorben und sie hat ihn allein nicht ins Haus gekriegt. Viel sehen kann ich nicht, aber wie ich ein paar

Schritte näher ran bin, sehe ich, dass er eine Hand bewegt, oder sein Knie, jedenfalls wackelt da was.

»Ich geh vor«, flüstere ich John zu.

Ich will vermeiden, dass er über irgendwas stolpert und Mom aufwacht und rauskommt.

Wo bloß das ganze Zeug herkommt, das hier rumliegt. Na, dies war jedenfalls mein Fahrrad. Ich halt mich mit der rechten Hand an der Veranda fest, so verliert man die Richtung nicht. Wir sind so leise, dass man plötzlich hört, wie Johns Magen knurrt.

Unter der Veranda finden wir uns besser zurecht.

»Ich geh rauf und hol dir ein Kissen und was zu essen.«

Als ich wieder um die Ecke komme, sehe ich, wie der alte Mann aus dem Schaukelstuhl aufgestanden ist und sich am Geländer entlang nach drinnen tastet. Er bleibt stehen und lauscht, ich bleibe auch stehen und er schlurft weiter und verschwindet. Vielleicht ist es gut, wenn ich für John eine Taschenlampe mitnehme. Wenn er sie schnell an- und ausknipst, kann er wenigstens erkennen, ob es die Ratten sind oder Charly, wenn er ein Geräusch hört.

Ich hab ganz vergessen, dass ja noch immer die Zweihundertdollarfrage über uns schwebt, aber jetzt werde ich wieder daran erinnert. Als ich zurückkomme, das Kissen unter dem Arm, Brot in der einen Hand und in der anderen die Taschenlampe, mach ich ganz kurz die Lampe an. Ich leuchte unter die Veranda und was seh ich? Hätte ich mir gleich denken können. John sitzt da und hält den Revolver in der Hand. Als ich ihn mit dem Lichtstrahl erwische, zielt er auf mich. Und dann – du lieber Himmel, was ist denn jetzt los? Plötzlich kommt Licht durch die Ritzen der Bretter. Drüben bei den Nachbarn ist die Tür aufgegangen. Die Tür machen sie alle sieben Jahre mal auf, und nun stehen Tony und Bill im Licht und rufen zu uns rüber.

»Hallo, Sam, haben Sie das auch gehört? Haben Sie was dagegen, wenn wir mal nachsehen?«

Der alte Mann hat direkt über uns sein Fenster aufgemacht. Ich stoße John an. Er hat noch immer den Revolver in der Hand.

»Was soll ich gehört haben?«

»Aus Ihrem Garten kommen so komische Geräusche. Oder haben Sie Besuch?«

»Ach, was«, hören wir den Alten brummeln. »Wer soll mich schon besuchen? Gehen Sie ruhig nachsehen, wenn es Sie beruhigt. Ich glaub nicht, dass Sie wen finden.«

Hat der 'ne Ahnung. Mir bleibt das Herz stehen. Was soll ich tun? Rauskommen und sagen: Lassen Sie das ruhig, hier ist keiner?

»Ist gut Sam, lassen Sie sich nicht stören. Wir sehn eben mal nach.«

Mir wird schlecht. Neben mir sitzt John mit dem Revolver und lauscht auf jedes Wort. Wenn er sich bloß nicht rührt. Ich sehe durch die Ritze, wie Bill in der Tür stehen bleibt. Bill, das ist der, der dauernd unterwegs ist. Hätte heute ruhig auch auf Reisen sein können. Allein hätte sich sein Freund Tony nicht getraut, nachts in fremder Leute Gärten rumzuschnüffeln. Ziemlich dick, der Kerl, wie er da in der Tür steht, ohne Hemd, und die Hose hängt ihm sonst wo. Oh Mann, wenn jemand den Zaun repariert hätte, könnte Tony nicht so einfach rübersteigen. Hat noch seine Schürze um, sollte lieber am Herd stehen.

»Gib mal 'ne Taschenlampe, Bill.«

Er macht Ernst. John, bleib ruhig. Ich sehe, wie er nach der Pistole tastet. Über uns der alte Mann hat das Fenster doch nicht zugemacht. Will wohl warten, was bei der Suchaktion rauskommt. Der Dicke ist aus dem Licht verschwunden. Wir hören ihn durch die offene Tür im Haus herumlaufen.

»Nun mach schon«, murmelt Tony.

Er steht direkt neben uns. Sehen können wir ihn kaum. Der andere taucht wieder auf.

»Hier, das ist alles, was ich gefunden hab.«

Bill kommt an den Zaun.

John hat jetzt beide Schießeisen in den Händen. Im Licht, das aus der Tür kommt, sehe ich, dass Tony kräftige Unterarme hat, als er das Ding, das wohl die Taschenlampe ist, in Empfang nimmt. Er knipst.

»Das ist doch kein Licht, Bill«, hören wir ihn sagen.

»Batterien sind keine da.«

»Na gut, ich versuch's. Wenn hier wirklich jemand war, dann ist der sowieso schon über alle Berge.«

Hat der 'ne Ahnung! Ich seh ihm nach, wie er sich vorantastet. John starrt nach vorn. Er zielt auf den Eingang unter der Treppe. Was Tony da hat, ist keine Taschenlampe, höchstens 'ne Funzel. John, bleib ruhig. Selbst wenn er unter die Veranda leuchtet: Das Licht ist zu schwach. Er kann uns nicht entdecken. Er kann nicht. Bleib ruhig, John.

»Verflucht, das war 'ne verdammte Ratte. Springt mir direkt vor die Füße.«

»Komm zurück, Tony. Ich will die Tür nicht länger aufhalten, wenn hier Ratten rumlaufen. Komm sofort zurück!«

Jawohl, geh schon, du Spinner. Mach zurück über den Zaun. Er bückt sich. Wenn er jetzt unter die Veranda linst, dann ...

»Aua!«

So ist es gut. Stoß dir den Kopf. Das wird dir Beine machen. Und richtig. Er dreht ab.

»Da ist nichts, Bill, jedenfalls nichts, was man mit diesem Ding hier erkennen könnte.«

»Komm hierher, ich helf dir.«

Tony hält seine dicken Arme über den Zaun. Bill hält sie fest.

»Alles in Ordnung, Sam«, ruft Tony, während er über den Zaun steigt.

Die beiden verschwinden in der Tür, die sich hinter ihnen schließt. Oben wird das Fenster zugemacht. Mir ist immer noch schlecht. Ich dreh mich zu John um. Er hat die Dinger noch immer in den Händen. Seine Hände wackeln so komisch. Er zittert. John zittert.

»Bist du verrückt, Mann!? Was soll das?«

John antwortet nicht, legt aber die Waffen zur Seite.

»Hättest du wirklich geschossen, Mann?«

»Ich weiß nicht, oh Gott, ich weiß nicht. Klar, Mann. Hätt ich doch müssen, oder?«

John ist völlig fertig.

»Hier«, sag ich, »mach's dir bequem.«

Ich schieb ihm das Kissen hin und drück ihm das Brot in die Hand. Kommt mir so vor, als ob ich mich sehr erschrocken hätte, jedenfalls ist in meinem Magen irgendwas los. John sagt nichts, aber er fängt an zu essen.

»Ich glaub, mir ist was eingefallen«, sagt John, als er gegessen hat. »Wenn du mitmachst, könnte es gehen.«

»Ehrlich, du weißt, dass ich alles mitmache«, antwortete ich. »Aber auf die Dinger da hab ich eigentlich nicht so viel Lust.«

»Doch nicht zum Schießen, Mann. Nur, damit sie

Angst kriegen und tun, was wir sagen. Nur damit es energisch aussieht.«

»Von wem redest du eigentlich?«

»Na, diese Starbucks-Leute, von denen du erzählt hast, dass deine Mom immer davon erzählt. Dieser Emory, du weißt schon.«

»Wieso? Woher sollen die denn zweihundert Dollar haben? Klar redet sie dauernd von denen, aber hat sie schon jemals gesagt, dass die Geld haben? Sie sind fleißig und stehen früh auf und arbeiten Tag und Nacht und tragen ihr die Tasche und sagen ›Miss Mom‹ zu ihr und all den Scheiß. Aber Geld haben die doch nicht.«

»Die nicht, aber Starbucks.«

Ich sag erst mal nichts. Darüber muss man nachdenken. Der Coffee-Shop, wo dieser Wunderknabe Emory arbeitet, liegt in Georgetown. Feine Gegend, das.

»Zweihundert Dollar«, sagt John neben mir. »Für die ist das doch gar nichts. Was meinst du, was so ein Starbucks-Laden den ganzen Tag über einnimmt. Den Rest können sie ja meinetwegen behalten.«

»Und wie hast du dir das vorgestellt? Du gehst einfach rein …«

»Ich nicht, wir. Zu zweit macht sich das besser.«

»Wir gehen einfach rein und sagen: ›Edler Emory, zweihundert Dollar her oder es knallt?‹ Und die Kunden? Wenn gerade einer reinkommt? Oder durch das Fenster sieht? Du musst vollkommen verrückt sein.«

John antwortet nicht. Ich sag auch nichts.

Es hilft nichts, die Sache bleibt trotzdem gesagt. Die Idee ist nicht schlecht. Aber ich habe überhaupt keine Lust, in einem von diesen Kinderknästen zu verschwinden, von denen dauernd geredet wird. Wenn man etwas macht, darf man sich nicht erwischen lassen. Bei Starbucks arbeitet man im Freien, direkt im Schaufenster, beleuchtet.

»Die machen doch um acht zu, stimmt's? Wir könnten morgen Abend hingehen und sehen, wie die Lage ist. Nur mal ansehen, meine ich. Ich glaub nicht, dass am Sonntagabend in Georgetown noch viele Leute auf der Straße sind. Vielleicht kann man reingehen, bevor sie zumachen. Wenn sie vernünftig sind, sind wir in drei Minuten wieder draußen. Meinetwegen können sie dann ruhig die Polizei rufen. Wir binden uns was vors Gesicht. Wenn wir überhaupt reingehen. Wenn nicht, muss ich mir was anderes überlegen. Bis Mitternacht ist ja dann immer noch 'ne ganze Menge Zeit.«

Ich merke, dass John die Starbucks-Sache langsam ernsthaft ins Auge fasst. Klingt ja auch wirklich nicht schlecht, wenn man bedenkt, dass er dann auf einen Schlag alle Probleme los ist. Um acht rein, dann sind es noch fast vier Stunden bis Mitternacht. Zeit genug, denen das Geld zu bringen. Was will er machen, wenn die Starbucks-Sache nicht klappt? Könnte wohl sein, dass das seine letzte Chance ist. Ich hab mal von einem gehört, den seine Auftraggeber in die Mangel genommen haben. Soll nicht mehr viel von ihm übrig gewesen sein, hinterher.

»Ich geh schlafen«, sag ich zu John. »Verhalt dich ruhig. Wenn sie was mitkriegt, gibt's bloß unnötigen Ärger. Und pack die Dinger wieder ein. Ich mein, es wird wohl keiner bei dir vorbeikommen und sie suchen, aber man kann ja nie wissen.«

In der Nacht schlaf ich nicht viel. Zuerst hör ich noch den alten Mann rumoren. Einmal reißt er irgendetwas um, aber nicht mal da kommt Mom aus ihrem Zimmer. Dann ist alles ruhig, aber ich lieg da und denk an John unter der Veranda und an das, was wir morgen vorhaben.

Er hat schon Recht. Es bleibt ihm nichts anderes übrig. Und wenn man's genau überlegt, ist Georgetown nicht der schlechteste Ort für so was. Hier bei uns sind die Pigs ständig unterwegs. Bei den feinen Leuten in Georgetown bestimmt nicht. Ich weiß das, ich hab mal an einen der Läden da einen Auftrag vermittelt. Sollte man nicht glauben, aber auch feine Läden drehen krumme Dinger. Und überhaupt, dieser Emory. Soll er doch mal zeigen, was für ein toller Kerl er ist. »Darf ich Ihre Tasche tragen, Miss Mom?« Oder war das der andere, dieser David? Plötzlich steht der an meinem Bett, ein langer weißer Kerl.

»Darf ich den Revolver halten?«

Er hat eine Babystimme, die nicht zu ihm passt. Und ich geb ihm die Pistole, die ich in der Hand habe. Er sieht sie sich an und sagt: »Den Revolver, hab ich gesagt, kleiner Nigger.« Und richtet die Pistole auf mich. Aber ich hab den Revolver nicht, und in seinen Augen sehe ich, dass er schießen wird. Da wache ich auf.

Es ist nicht David, der an meinem Bett steht, sondern John.

»Wieso ist sie erst so spät los?«, fragt er und glotzt auf mich runter, als ob ich was dafür könnte.

Erst mal dauert es eine Weile, bis ich überhaupt begreife, was los ist.

»Hast du nicht selbst gesagt, dass heute Sonntag ist? Oh Mann, wie spät ist es?«

»Nach elf jedenfalls«, sagt John. »Kurz nachdem sie weg war, hat es elf geschlagen.«

»Sie bleibt zwei Stunden weg«, sage ich und beeile mich, aus dem Bett zu kommen.

Zwei Stunden bringt sie in der Kirche zu und den Rest des Sonntags wühlt sie im Haus rum. Das heißt, dass wir den Tag draußen verbringen müssen. John steht hinter mir, während ich mir Wasser ins Gesicht klatsche.

»Kann es sein, dass du stinkst?«, frage ich.

»Schlaf du doch mal zwischen all dem Gerümpel. Wenn man das überhaupt schlafen nennen kann. Krumm dahocken und darauf warten, dass die Ratten angreifen. Denen hätte ich's aber gegeben.«

»Du hättest auf die Ratten geschossen?«

»Darauf kannst du Gift nehmen«, antwortet John.

Während wir in der Küche nach etwas Essbarem suchen, überlege ich, was wohl passiert wäre, wenn John tatsächlich in der Nacht unter dem Haus herumgeballert hätte. Ein Glück, dass er keinen Besuch hatte. Ich schau durchs Fenster und seh, dass der Schaukelstuhl leer ist. Irgendwas ist los, so viel steht fest. Sonst bringt sie ihn immer raus, bevor sie in die Kirche geht.

»Wo ist der Alte?«, fragt John.

»Keine Ahnung. Soll ich mal nachsehen?«

»Ist mir doch egal.«

Weshalb fragt er dann? John steht am Fenster. Bei Licht besehen, sieht er ziemlich bedrückt aus, richtig mitgenommen.

»Hör mal«, sage ich, »so viel besser war dein Schlafzimmer bei euch zu Hause ja wohl auch nicht. Beeil dich lieber mit dem Essen. Sie wird bald zurück sein. Wir müssen vorher noch mal runter und die Dinger mitnehmen. Und 'n bisschen was zu essen müssen wir wohl auch einstecken. Immerhin wird's 'ne Weile dauern, bis wir wieder zu Geld kommen.«

Nebenan, im Zimmer des Alten, rumpelt irgendwas

gewaltig. Fehlt noch, dass der hier in der Küche rumtapst, während wir frühstücken. Ich seh im Schrank nach, und richtig: Da hat sie die braunen Tüten gestapelt. Da steht auch die Dose mit ihrem Geld. Fünf Dollar, die kann ich ja später wieder reinlegen.

John rafft aus dem Kühlschrank, was wir gebrauchen können, sogar eine Dose mit Pfirsichen. Na ja, irgendwie werden wir die schon aufkriegen. Jeder hat eine volle Tüte im Arm, als wir aus dem Haus gehen. Wir schleichen nicht. Der alte Mann hat uns sicher sowieso schon bemerkt. Kommt mir jedenfalls so vor, als würde er rufen, als wir an seiner Tür vorbeigehen.

Unter der Veranda kann man jetzt besser sehen. Durch die kaputten Bretter kommt Licht von oben. Oh Mann, in was für einem Dreck hat John geschlafen. Das Kissen ist so voller Spinnweben und kleiner Viecher, dass wir es nicht mal anfassen mögen. Wäre mir eigentlich lieber gewesen, ich hätte es wieder reinbringen können.

John buddelt den Revolver und die Pistole aus dem Versteck.

»Wohin damit?«

»Ich hab keine Lust, das Ding den ganzen Tag auf dem Bauch zu schleppen.«

»Wir könnten sie einfach in die Tüten stecken. Jeder trägt eine. Das sieht ganz normal aus. Man wird ja sonntags noch einkaufen dürfen.«

Ich krieg die Pistole und stopfe sie unter die Packung Cornflakes. Als wir an der Seite am Haus vorbeigehen, öffnet gerade der Nachbar seine Jalousie.

»He, Jungs, wohl zum Picknick, was?«

»Gute Idee«, antworte ich.

»Was geht den das an?«, höre ich John hinter mir meckern.

Wir gehen über die Straße. Ich schau noch mal zurück und seh, wie der alte Mann sich am Geländer entlang nach vorn tastet. Wenn mich nicht alles täuscht, hat er seine Hose verkehrt rum angezogen.

SAM Es ist nicht in Ordnung, dass sie in die Kirche geht und ihrem alten Vater vorher nicht guten Morgen sagt und ihn nicht fragt, was er zum Frühstück will. Wo er schon gestern Abend nichts zu essen gekriegt hat. Ich will sie fragen, womit ich sie gekränkt habe, wenn sie zurückkommt. Ich will, dass sie mir am Sonntag aus der Zeitung vorliest. So haben wir es immer gehalten. Als ich noch sehen konnte, habe ich vorgelesen. Ich konnte gut lesen, und wenn ich kein Schwarzer gewesen wäre und mehr als sechs Jahre zur Schule …

Was soll das, Sam. Du bist immer einen ordentlichen Weg gegangen. Du hast deine Tochter in die Schule geschickt.

Am Anfang, als meine Augen nicht mehr zu gebrauchen waren, ging es trotzdem nicht so gut bei ihr mit dem Vorlesen. Ich war zu ungeduldig. Dann hat sie die Zeitung hingeworfen und hat geheult und ist weggelaufen. Sie ist aber immer wiedergekommen.

Sie wird auch heute wiederkommen. Ihr Gott wird nicht zulassen, dass sie mich hier auf der Veranda vergisst. Wozu sollte das Gerenne in die Kirche sonst gut sein?

Wenn ich den Schaukelstuhl erreiche und ordentlich angezogen drin sitze, wird sie sich freuen, wenn sie zurückkommt.

Ich hab dich wohl gehört, Red Bull. Dich und deinen Freund, wie ihr in der Nacht um das Haus geschlichen seid.

Hat der weiße Junge keinen eigenen Schlafplatz? Weshalb müsst ihr euch verstecken? Wenn deine Mutter die Sorgen mit dir nicht hätte, Red Bull, könnte sie vielleicht freundlicher zu ihrem blinden Vater sein. Weshalb suchst du dir keinen Job in den Ferien? Deine Mutter betet für dich und du wirst trotzdem auf der Straße herumhängen und nichts Vernünftiges lernen.

Ich glaube nicht, dass in diesem Haus heute Nacht einer richtig geschlafen hat. Du nicht und dein Freund John unter der Veranda nicht und deine Mutter erst recht nicht. Ich will mit ihr reden, wenn sie zurück ist. Zu zweit ist die Angst leichter auszuhalten.

Was rede ich schon wieder von Angst? Wie viele Jahre leben wir schon in diesem Haus zusammen?

Seit elf Jahren sind meine Augen blind. Elf Jahre ist es Tag und Nacht dunkel um mich herum. Waren es nicht trotzdem elf ruhige Jahre? Was sich verändert hat, sind die Sirenen der Polizeiautos. Es sind mehr geworden, viel mehr. Immer öfter riecht es jetzt nach Feuer. Aber uns haben sie bisher in Ruhe gelassen. Keine Sirenen vor unserem Haus, kein Feuer.

Ich habe Männer gesehen, die Brandsätze in die Hütten der Schwarzen geworfen haben. Ich hab sie gesehen, weißer Mob, da ist das Wort richtig. Ich habe auch Schwarze gesehen, die verbrannt sind, und Vieh, aufgedunsen, das Fell abgesengt, die Zähne gebleckt, Rauch, der aus dem Schädel aufstieg.

Um das bisschen Vieh haben sie unsere Leute noch beneidet. Nichts stinkt furchtbarer als ein Mensch, der brennt, als ein Tier, das brennt. Nichts stinkt furchtbarer als Hass.

Sollte meine kleine Tochter im Hass erzogen werden? Sie sollte geachtet werden und andere achten. Nun achtet sie andere. Ob sie auch geachtet wird?

Diese jungen Leute bei Starbucks, die achten sie. Ich will mir erzählen lassen von Caity und Emory und David, wenn sie zurückkommt. Ich will zu dir sagen: »Es tut mir Leid, wenn ich dich gekränkt habe. Ich weiß nicht, wie das passiert ist. Ich bin ein alter Mann und weiß vielleicht nicht immer, was ich tue. Aber du bist jung, Mom, du bist tüchtig. Du verdienst für uns alle. Und wenn du nach Hause kommst, dann setz dich neben den alten Mann, der dein Vater ist, und rede mit ihm. Weil niemand sonst mit ihm redet. Weil niemand sonst mit dir redet, außer Caity und Emory und David. Erzähl mir, was sie gestern gesagt haben, Mom, erzähl es mir und vergiss, dass ich dich gekränkt habe und dass du schlecht geschlafen hast.

Wir haben beide nicht gut geschlafen. Es ist zu heiß. Und vielleicht ist es auch keine gute Zeit zum Schlafen, wenn der Sohn einen weißen Jungen mitbringt, der unter der Veranda liegen muss, weil du ihn nicht reinlassen willst, und dies ist dein Haus.

Und wir wissen nicht, ob er etwas angestellt hat, ob die Sirenen ihm galten oder Red Bull oder beiden. Denn versteckt haben sie sich, das ist klar. Muss man sich verstecken, wenn alles in Ordnung ist?«

MOM Heute, Gott, bin ich in deine Kirche gekommen. Weil Sonntag ist.

Heute rede ich mit dir über meinen Kummer.

Weil Sonntag ist.

Heute, Gott, sag ich dir, dass mein Sohn Red Bull ein Faulpelz ist.

Heute sag ich dir, dass ich niemanden habe.

Nur den alten Mann auf der Veranda,
der blind ist, und ich hab ihm nichts zu essen gegeben.
Verzeih mir, Gott, mein hartes Herz.
Du weißt, dass harte Arbeit ein hartes Herz macht.
Wenn ich nach Hause komme,
soll der alte Mann Essen haben.
Wenn du mir verzeihst, Gott,
und machst, dass Red Bull friedlich im Bett liegt,
wenn ich zurückkomme,
und wir einen schönen Sonntag haben. Wie früher,
als er klein war und Paps noch sehen konnte.
Und kein weißes Pack vor unserem Haus lungerte.
Vergib mir, Gott, aber du bist selbst weiß,
und deshalb kennst du das weiße Pack besser als ich.
Und deshalb bitte ich dich: Nimm mein Baby
unter deinen Schutz.
Und Caity und Emory und David.
Und den alten Mann im Schaukelstuhl,
der, ich verspreche es, jetzt gleich sein Essen kriegt.
Amen.

RED BULL Über die Straße, durch die Büsche, die Richtung zur Kirche meiden, und dann losmarschiert zum Anacostia-River. Ich würd mich schon trauen, über den Golfplatz zu gehen, der davor liegt. Aber so, wie John aussieht, sollten wir lieber vorsichtig sein.

Der Weg ist ziemlich weit und in der Hitze die Tüten schleppen ist kein Vergnügen. Irgendwann kommen wir durch einen Park. Ich bin froh, als John unter einem Baum stehen bleibt und seine Tüte abstellt.

»Mann, ich kann nicht mehr. Wir bleiben hier.«

Ich seh mich um. Gute Gegend: wenig Leute, Schatten, kein Parkwächter zu sehen. Ich stell meine Tüte ins Gras und leg mich daneben. Über mir, durch die Blätter, kann ich den Himmel sehen. Hat dieselbe blaue Farbe wie die Augen von Johns kleiner Schwester.

»Mann, geht's mir gut«, hör ich John neben mir stöhnen.

»Wenn ich jetzt noch was zu essen hätte.«

Ich bewege mich nicht, hör nur zu, wie er in seiner Tüte rumfummelt, dreh den Kopf zu ihm und sehe, dass er sogar zu faul ist, die Augen aufzumachen. Er fummelt mit der Hand in der Tüte herum, fehlt bloß noch, dass er plötzlich den Revolver rauszieht. Aber so blöd ist er nun doch nicht. Er bringt ein Stück Schinken und eine Banane zum Vorschein und fängt an zu essen, ohne ein einziges Mal die Augen aufgemacht zu haben. Ich sehe ihm zu, wie er genüsslich kaut, und seh den Knorpel an seinem Hals auf und ab hüpfen. Wenn man ihm so zusieht, kriegt man selbst Hunger. 'ne Banane könnte nicht schaden.

Ich schau ’ne Weile in den Himmel und merke, wie ich müde werde. Gerade schaff ich es noch, den Kopf wieder zu John hinzudrehen. Er hat die Augen immer noch zu. Seine Hände liegen schlaff auf dem Bauch. Er schläft schon. Na gut, schlafen wir ’ne Runde.

Sind wohl vier oder fünf Runden gewesen. Jedenfalls haben wir länger geschlafen, als wir wollten. Niemand hat unsere Tüten mitgehen lassen. Was wohl passiert wäre, wenn jemand die Tüten geklaut und die Waffen gefunden hätte?

»Mann, haben wir ein Schwein gehabt. Stell dir vor …«

»Ja«, sage ich, »hab ich mir gerade vorgestellt.«

»Dann hätten wir die Sache heute Abend vergessen können.«

Er denkt also immer noch dran. Na ja, woran soll er auch sonst denken. Würde ich auch so machen, wenn einer von denen hinter mir her wäre. Andererseits, wenn einer die Tüten geklaut hätte, wär das alles nicht passiert.

»Überleg doch mal in Ruhe«, sagt John. Er hat sich hingesetzt und sammelt das Gras von seinem T-Shirt. Als ob er dann besser aussehen würde. Gleich wird er ’ne Rede halten. Da geht’s auch schon los.

»Überleg doch mal. Wir gehen zurück zur Union Station, sodass wir gegen halb acht da sind. Dann fahren wir mit der Metro bis Foggy Bottom. Da kommen wir ’ne Viertelstunde später an. Kein Mensch kennt uns dort. Wir gehen zu Starbucks, spazieren rein, lassen uns das Geld geben und verschwinden. Zurück nehmen wir einen anderen Weg, fahren von Dupont Circle mit der Metro wieder bis Union Station und wandern fröhlich nach North East zurück.«

»Erstens geht’s von Union Station nicht nach Foggy Bottom und zweitens brauchen wir von Foggy Bottom mehr als ’ne Viertelstunde. Starbucks liegt ganz hinten auf der Wisconsin Avenue. Ich hab dir doch gesagt, dass ich schon mal da war.«

»Meinetwegen. Fahren wir eben um sieben ab Union Station. Wir können’s uns bloß nicht leisten, zu lange vor dem Laden auf der Straße zu stehen.«

»Wir können uns nicht leisten, zu spät zu kommen. Die machen nämlich am Sonntag pünktlich um acht zu. Und jetzt ist es gleich halb sieben.«

Gut reden kann John, aber wenn’s an die praktischen Sachen geht, braucht er einen, der ihm im passenden Augenblick einen Schubs gibt.

Wir stehen auf, schnappen uns unsere Tüten, viel ist nicht mehr drin, und ziehen wieder los. Jetzt sind ein paar Leute mehr im Park. Während wir geschlafen haben, scheint ’ne Familienpicknickwelle ausgebrochen zu sein: Niggerfamilienpicknick, Weißenfamilienpicknick, Hispanicfamilienpicknick. Jede Familie unter ’nem andern Baum, und alle tun so, als ob die

Welt völlig in Ordnung wäre. Ist sie für die wohl auch.

»Hättest du Lust, da mitzumachen?«, fragt John.

»Wo?«, frage ich. »Bei den Hispanics?«

Wir lachen, aber ich weiß schon, was John gemeint hat. Er hat gemeint: Möchtest du eine Familie haben, wo der Großvater nicht blind ist, wo die Mutter nicht für Starbucks den Dreck wegmacht und wo es einen Vater gibt, der jeden Abend nach Hause kommt. Oder eine Familie, wo die Mutter nicht ständig besoffen mit irgendwelchen Kerlen im Bett liegt und der Nachwuchs ihr inzwischen die Bruchbude überm Kopf anzündet.

»Wollen wir die Tüten wirklich mitnehmen? Viel ist nicht mehr drin«, sage ich statt einer Antwort.

»Klar, ist doch 'ne erstklassige Tarnung.«

In der Union Station machen ein paar Detektive gerade Jagd auf drei Nigger, die zu blöd waren. Aber rennen können sie, das muss man ihnen lassen. 'ne große Chance zu entwischen haben sie trotzdem nicht. Die haben hier ein besonders ausgeklügeltes Fangsystem. Da muss man sich schon auskennen. Schade, würde sich wirklich lohnen, stehen zu bleiben und zuzusehen.

Union Station ist bestimmt der schönste Bahnhof, den es auf der Welt gibt. Solche teuren Geschäfte wie hier gibt's nicht mal in der City, glaube ich. Klaun tun wir hier nicht. Zu gefährlich. Hier werden die Detektive mit Fangprämien bezahlt. Das hat mir mal einer gesagt, der ganz genau Bescheid wusste.

»Sollen wir hier noch 'n Moment warten? Oder lieber in Georgetown?«

»Georgetown nicht und hier nicht«, sage ich. »Wir müssen sowieso umsteigen. Im Metro Center lassen wir zwei Bahnen durchfahren. Dann kommen wir gerade richtig hin. Im Metro Center stehen viele Leute. Da fallen wir nicht weiter auf.«

Unten auf dem Bahnsteig ist es endlich kühler. Als der Zug kommt, verkriecht sich John plötzlich hinter mir.

»Nicht in diesen Zug!«, höre ich ihn in meinem Rücken flüstern.

Der Zug fährt ohne uns ab. Mir wird komisch zumute. Wenn er schon jetzt so viel Angst hat, dass er sich nicht mal in die Metro traut, dann weiß ich nicht, wie er die Sache bei Starbucks über die Bühne bringen will.

»Ich hab ihn gesehen«, sagt John. »Es war der, dem wir den Stoff gebracht haben, in Chinatown, du weißt doch, der bei den Spiegeln im Treppenhaus.«

Den zu treffen, wäre vielleicht wirklich nicht sehr gemütlich gewesen. Er war bestimmt einer von denen, die den Oberboss informiert haben. Nehmen wir also die nächste Bahn.

Es sind fürchterlich viele Menschen unterwegs, kommen wohl alle von diesem Folkfestival.

Ich denk einen Moment an die stampfenden Nonnen und an die Weißen aus dem Mississippi-Delta. Mann, waren das widerliche Typen! Überhaupt kommt es mir plötzlich richtig vor, dass der blinde Alte da nicht hinwollte. Mal abgesehen davon, dass er sowieso nichts gesehen hätte. Er hätte nur das »Maria«-Geschrei der frommen Schwestern gehört. Fromm ist er nicht. Wenn er nicht so viel dummes Zeug reden würde, mit dem man nichts anfangen kann, wäre er ganz in Ordnung.

Rosa Parks und die Greensboro-Vier. Die hab ich im Museum gesehen. Sie sind da ausgestellt, wie sie mit ihren Ärschen auf den Barhockern bei Woolworth hängen und sich nicht wegbewegen. Ist bloß 'ne Weile her, alter Mann. Ich schwing meinen Arsch auf jeden Barhocker, wenn ich bloß genug Geld hab.

»Wir sind da.«

John redet so leise, als ob uns einer beobachtet. Beim Rausdrängen spüre ich seine Tüte in meinem Rücken. Irgendwas drückt mich, entweder die Kante von der Pfirsichdose oder der Revolver.

Die Metropolizei hat keinen Blick für uns. Sie beobachten, ob jemand raucht oder Eis isst. Oder besoffen ist. Kommt mir komisch vor, dass sie einen wegfangen, der bloß ein bisschen herumtorkelt, aber sich für unsere Tüten nicht interessieren. Das kommt mir so komisch vor, dass ich lachen muss. Ich kann gar nicht mehr aufhören damit und lache die ganze Zeit, als wir die Rolltreppe hochfahren. Ich kann nicht aufhören.

»Was ist los mit dir?«

John boxt mir in die Rippen, genau dahin, wo ich besonders kitzlig bin. Die Frau vor mir auf der Rolltreppe dreht sich um. Sie kann von oben genau in meine Tüte reinsehen. Da vergeht mir das Lachen. Hat sie die Pistole entdeckt? Aber sie sieht mich nur an und guckt dann wieder nach vorn.

Jeden Meter auf der Rolltreppe nach oben wird es wärmer. Oben hab ich das Gefühl, ich steh in warmer Soße. Mein T-Shirt klebt am Rücken und am Bauch, bloß weil ich ein paar Schritte gemacht habe.

Wir gehen nebeneinander, aber ich merke, dass John immer kurz hinter mir bleibt. Ein weißes Viertel und er ist noch nie hier gewesen. Am Washington-Circle sagt er:

»Ich glaub nicht, dass wir die Tüten noch weiter mitnehmen sollten. Überleg mal: Wenn wir drin sind, brauchen wir beide Hände. Dann lässt einer die Tüte fallen, und dann? Haben wir vielleicht Zeit, den Kram wieder einzusammeln, bevor wir abhauen? An dem, was da liegen bleibt, können sie aber rauskriegen, wer bei Starbucks reingesehen und sich ein bisschen Geld abgeholt hat. Muss doch nicht sein, oder?«

Mir wird langsam klar, dass wir hier bestimmt nicht bloß auf Beobachtungstour sind. John hat keine Zeit mehr, der Countdown läuft. Entweder bringt er heute bis Mitternacht das Geld oder er ist einen Tag lang der gejagteste Mann in North East. Länger als einen Tag werden sie nicht brauchen. Wenn sie ihn nicht überhaupt viel schneller finden. Wo sie die anderen schon jetzt so weit haben, dass sich keiner mehr in unserer Nähe blicken lässt.

Ich seh mich um. Keine Leute auf den Bänken. Kein Abfall in den Blumenbeeten. Dafür stehen hier Papierkörbe rum.

»Wir tun das Zeug in die Papierkörbe. Wenn genug Zeit ist, können wir die Tüten ja nachher wieder rausholen.«

Eine Tüte in einen Papierkorb stecken ist leicht. Aber vorher eine Pistole rausholen und sie so verstauen, dass einen keiner dabei beobachtet, ist schon schwerer. Schließlich gehen zwei gekrümmte Figuren die Pennsylvania Avenue runter, für die man nur hoffen kann, dass niemandem ihre komische Haltung auffällt.

Der Weg ist noch länger, als ich ihn in Erinnerung habe. Aber es gibt keine Polizeisirenen, keine herumrasenden Pigs, keine kaputten Autos unter den Fenstern, keine Müllberge an den Straßen, keine zerbrochenen Scheiben, keine verlotterten Gärten. Manchmal fährt langsam ein Auto an uns vorbei und hält vor einem feinen Restaurant. Sonst ist alles ruhig. Eine Frau begegnet uns, die ihren Hund ausführt. Sie beachtet uns nicht. Als wir über die Brücke sind, steigt die Straße ein bisschen an. Weiter hinten geht die Wisconsin Avenue ab. Meine Beine sind so schwer, dass sie die kleine Steigung kaum schaffen.

Damals, als ich hier schon einmal gegangen bin, dachte ich, dass da oben, wo die Straße zu Ende ist, das Meer anfängt. Ich weiß nicht, warum ich das damals gedacht hab. Jetzt ist das Gefühl wieder da: Oben hinter der Straße fängt das Meer an.

»Warst du schon mal am Meer?«

»Nee«, antwortet John. »Aber vielleicht geh ich hin, wenn wir das hier erledigt haben. Kommt mir bloß so vor, als ob wir zu spät kommen. Wieso hast du nicht gesagt, dass es so weit ist?«

»Das hab ich vergessen. Da vorn müssen wir abbiegen.«

Auch in der Wisconsin Avenue ist niemand mehr unterwegs, bloß manchmal ein Auto, das an uns vorbeifährt. Die Ruhe kann einem schon komisch vorkommen. Verrückte Läden haben die hier für Wein und Schmuck und besondere Sachen zum Anziehen, alles in Schwarz. Die Häuser sind bunt und völlig in Ordnung, nirgends fehlt Farbe oder fällt der Putz runter. Die Cafés haben schon geschlossen. Sonntagabend ist hier wirklich nichts los.

»Da vorn, das flache Haus, das sie oben weiß angestrichen haben, das ist es. Lass uns auf die andere Straßenseite gehen und sehen, was da los ist.«

Wir gehen auf der gegenüberliegenden Seite langsam an dem Starbucks-Shop vorüber und sehen so unauffällig wie möglich hin.

»Niemand drin«, sagt John, »bloß diese Caity hinter dem Ladentisch und die beiden anderen davor. Sie schreiben irgendwas. Wie spät ist es?«

Er spricht zwischen den Zähnen, ohne die Lippen zu bewegen. Es hört sich so merkwürdig an, dass ich merke: Gleich muss ich lachen.

»Zehn vor acht.«

Ich spreche genauso wie John, dabei ist niemand auf der Straße, der uns hören könnte. Rechts von uns beginnt eine Mauer und dahinter liegt ein Safeway-Parkplatz. Der Platz ist ziemlich groß, aber es steht kein einziges Auto da. Die Mauer hat eine feine Toreinfahrt, aber unbewacht, sodass wir ungesehen dahinter verschwinden können.

»Hast du gesehen?«, sagt John. »Da ist 'ne Schule hinter dem Starbucks. Da ist heute bestimmt keiner drin. Und auf dem Parkplatz nebenan steht nur ein einziges Auto.«

»Das Auto gehört Caity. Mom hat erzählt, dass sie einen alten blauen Ford hat. Sie repariert ihn selbst. Oh Mann, da kommt noch 'n Kunde.«

Wir stehen hinter der Mauer und sehen auf das erleuchtete Viereck der Ladenscheibe gegenüber. Vor dem Laden hat ein Auto angehalten. Der Mann hat es ziemlich eilig, reinzukommen.

Jetzt steht er drinnen und redet mit Caity. Ich kann erkennen, dass sie lacht. Wenn der Mann geht, wird einer hinter ihm hergehen und den Laden abschließen. Das war's dann.

Wieso kauft sich der Kerl keinen Kaffee? Jetzt gibt er ihr die Hand. David geht mit ihm an die Tür. Wir hören sie lachen, als er die Tür aufmacht. Jetzt schlägt der Mann David auf die Schulter und geht zum Auto. Schließ nicht ab, David, schließ nicht ab! Er schließt nicht ab.

»Gehen wir rein«, sagt John. »Lass die Pistole stecken, bis wir drin sind. Nimm sie erst raus, wenn ich den Revolver in der Hand hab. Du bleibst hinter mir, sodass du mir den Rücken freihältst. Ich sage ihnen, sie sollen die Arme hochnehmen. Du musst darauf achten, dass sie sie oben lassen. Mehr nicht, mehr musst du nicht tun. Hast du das verstanden?«

»Ich bin ja nicht blöd.«

Seine Stimme klingt komisch, so als ob sie zittert. Ich sehe fest auf die Ladenscheibe. Meine Beine gehen automatisch hinter John her. Es ist immer noch so warm, dass der Schweiß meinen Rücken runterläuft. Wir erreichen den Bürgersteig. John zögert einen Moment, bevor er die Tür öffnet. In diesem Augenblick kann ich ihre Gesichter genau erkennen, das kleine von Caity und das schwarze von Emory und das von David. Sie sehen zur Tür, weil sie nicht mehr damit gerechnet haben, dass noch jemand kommt. Ich seh mich um. Die Straße hinter uns ist leer.

MOM Wie ich zurückkomme, liegt er nicht im Bett. Er liegt nicht da und sein Kopfkissen ist weg und in der Küche fehlt eine Menge Zeug. Ich will auf die Veranda gehen und den alten Mann fragen, was hier los ist.

SAM Ich höre sie an mir vorbeilaufen. Sie rennt in das Zimmer des Jungen. Ich glaub, sie begreift nun, dass irgendwas geschehen wird.

Komm her, Mom, meine Tochter. Setz dich zu mir. Wir wollen überlegen, was zu tun ist. Ich hab keinen Hunger. So heiß ist es, so heiß, dass ich im Radio höre, die Gefängniswärter von Maryland weigern sich, Uniformen aus Polyester anzuziehen.

»Ich kann nicht einsehen, weshalb alle anderen Baumwolluniformen haben und ich soll in Plastik herumlaufen«, sagt einer.

Setz dich her zu mir, Mom. Ja, ich habe ihn gehört, heute Nacht, deinen Sohn. Ja, er hatte seinen weißen

Freund dabei, den, der immer Hunger hat. Der weiße Junge schlief hinten im Hof unter der Veranda. Nein, ich glaube nicht, dass ihn jemand von den Nachbarn gesehen hat. Sie haben ein bisschen im Garten herumgesucht, aber sie haben nichts gefunden. Du kennst doch Tony und Bill, Mom. Sie sind froh, wenn sie nichts sehen müssen.

Gleich nachdem du in die Kirche gegangen bist, sind die Jungen losgezogen. Sie haben nicht mit mir gesprochen. In den letzten Tagen hat dein Sohn nicht mehr mit mir gesprochen. Ich weiß nicht, was das zu bedeuten hat. Ich war freundlich zu seinem Freund. Man hält die Kinder nicht im Haus, wenn man unfreundlich zu ihnen ist. Ich war freundlich für dich, Mom. Sie haben trotzdem nicht mit mir gesprochen. Begreifst du, was das bedeuten kann? Ich sage dir: Es kann Unglück bedeuten.

Es hat keinen Sinn, zu heulen. Wir wissen nicht, wo die beiden hingegangen sind. Wir wissen nicht, was sie vorhaben. Wir werden hier sitzen und warten. Irgendwann werden sie zurückkommen. Kann sein, sie brauchen uns dann. Alle beide. Dann wirst du den Weißen nicht aus dem Haus jagen, obwohl es dein Haus ist.

Jetzt gib mir zu essen und dann setz dich zu mir. Hör nicht auf die Polizeisirenen. Du weißt nicht, auf wen sie Jagd machen. Dein Sohn ist in einem ordentlichen Haus aufgewachsen. Er wird in die Schule gehen, wenn die Ferien vorüber sind, auch wenn die Ferien diesmal länger dauern als sonst, weil sie kein Geld haben, die Lehrer zu bezahlen. Irgendwann wird er wieder in die Schule gehen. Woher willst du wissen, dass etwas Schlimmes passiert sein muss? Bist du nicht in der Kirche gewesen? Weshalb gehst du in die Kirche, wenn du ohne Frieden wiederkommst? Erzähl mir von Caity. Erzähl mir von Emory, meinetwegen auch von David. Erzähl mir von ihnen, Mom.

RED BULL Wir gehen da rein in den Starbucks-Shop. Ich geh hinter John und die Tür geht auf, und John sagt:

»Nehmt die Hände hoch. Es passiert euch nichts. Wir wollen nur zweihundert Dollar.«

Ich seh Caity, und ich sehe, dass sie mich erkennt. Caity lacht. Emory und David nehmen ihre Hände hoch. Caity lacht immer noch und sagt:

»Lasst doch den Quatsch, Jungs.«

Und ich begreife, dass hier was schief geht. Wir hätten unsere Gesichter verdecken müssen. Wir haben nicht daran gedacht, unsere Gesichter zu verdecken. Warum haben wir das vergessen?

Und John sagt: »Hände hoch und zweihundert Dollar her.«

Und ich schieße einmal in die Decke über Caity. Es

knallt fürchterlich. Ich hatte nicht erwartet, dass es so laut knallt. Sie nimmt die Hände hoch und sagt: »Das war Red Bull, David. Red Bull, der Sohn von Mom, der geschossen hat.«

Klar, ich bin der Sohn von Mom. Und da steht John, der mein Freund ist.

»Das Geld«, sagt John. »Red keinen Unsinn. Wir wollen hier keine Wurzeln schlagen.« Er sagt: »Schließ die Tür ab, los, Red Bull, schließ die Tür ab. Lasst die Hände oben! Pass auf die beiden auf. Ich geh mit ihr das Geld holen.«

Wieso, welche Tür, denk ich. Und ich sehe John, wie er mit dem Revolver auf die Tür zeigt, durch die wir gerade gekommen sind. Ich sehe, wie der Revolver in seiner Hand zittert. Ich geh rückwärts und schließ die Tür ab.

»Das Geld ist schon im Safe«, sagt Caity.

Und John sagt: »Los, zum Safe. Mach ihn auf und beeil dich.«

Sie geht los. Sie geht vor ihm her. Sie geht nach hinten. Was werden wir tun, wenn jetzt jemand kommt? Was machen wir hier überhaupt? Ich kann Caity sehen. Sie dreht sich zu John um.

»Es ist eine Zahlenkombination, man braucht die Zahlen«, sagt sie.

Ihr Gesicht ist weiß. Das Licht ist sehr hell. Ich höre David schreien.

»Die hat sie im Kopf, die hat sie im Kopf, die Zahlen!«

Ich sehe, dass Caity sich wieder umdreht. Ich schau auf Emory und David. Sie glotzen zu Caity hin.

»Bring sie da vorn weg!«, schreit John. »Man kann euch sehen, man kann euch doch von draußen sehen. Bring sie hierher, los, schnell!«

Ich zeige mit der Pistole auf die Tür zum Hinterzimmer. Sie setzen sich in Bewegung. Wieso hab ich nicht daran gedacht, dass man uns sehen kann?

Das Hinterzimmer ist klein. Caity steht am Safe. Sie stellt die Zahlen ein. Sie tritt zur Seite.

»Die Hände wieder hoch, los, hoch!«, sagt John. »Aber erst mach die Tür vom Safe auf, los!«

»Wir wollen ja bloß zweihundert Dollar«, sag ich zu Emory. Weshalb sieht der mich so komisch an? Jemand lässt irgendwo ein Auto an. Wo hat das gestanden? Wir haben kein Auto gesehen, als wir hier reingegangen sind.

»Die Tür geht nicht auf«, sagt Caity. »Die Tür geht nicht auf.«

»Wenn eine falsche Zahl eingestellt ist«, sagt Emory, »dann gibt es ein Sicherungssystem. Dann kommt man erst wieder in zehn Minuten ran.«

Ich höre, dass neben dem Haus ein Auto hält. Es ist so still hier drin. Ich höre Schritte und dass jemand die Türklinke anfasst.

»Ruhig, haltet die Schnauze«, sagt John leise.

Draußen rüttelt einer an der Tür. Keiner sagt was, bis der da draußen aufhört zu rütteln. Wir hören Schritte. Einer geht zum Auto und lässt den Motor an.

»Jetzt«, sagt John. »Begreifst du? Sie haben dich erkannt.«

»John«, sage ich. »Nicht! John!«

»Begreifst du denn nicht? Sie wissen, wer wir sind. Wir müssen hier weg. Sie haben dich erkannt. Wir müssen sie umlegen.« Er schießt auf Caity. Er schießt fünfmal auf Caity. Ich schieße dreimal auf Emory. Er liegt in der Tür. Ich schieße einmal auf David. Er legt sich auf die Beine von Emory. Sie sind tot. Sie sind alle tot. Es ist so still jetzt. Das Auto ist weg.

»Steck das Ding ein«, sagt John. »Wir gehen raus.«

Wir gehen nach vorn. Da ist niemand an der Tür, niemand auf der Straße. Feine Gegend hier. Wir gehen über die Straße.

»Wir haben geschossen«, sagt John. »Warum hat sie die Zahlen falsch eingestellt? Wir haben geschossen«, sagt John. »Warum haben wir geschossen?«

Der Parkplatz vom Safeway ist leer. Ein schönes Tor haben sie für den Parkplatz gebaut. Auf der Straße fährt kein Auto. Es ist sehr warm.

Weil wir Angst hatten, denke ich. Weiß nicht, warum ich das denke.